KB163710

성스러움과 폭력

차례
Contents

성스러운 폭력

    요즘 우리 사회에서도 폭력(violence)이라는 말이 많이 사용되고 있다. 전쟁이나 강도, 학대 등의 예전에 폭력의 대명사로 여겨지던 말 외에도 성폭력, 가정 폭력, 조폭(조직폭력), 집단폭력, 유사 폭력 등의 새로운 용어들까지 등장하고 있다. 이는 폭력의 종류가 매우 많을 뿐만 아니라 사회 곳곳에 폭력이 있음을 잘 드러내고 있다. 심리적 압박을 가하는 정신적 폭력이나 사회의 제도적 모순에 의한 구조적 폭력 등도 인간 사회에 폭력의 문제가 널리 퍼져 있다는 것을 보여준다. 자연과 동물에 대한 인간의 폭력마저 점점 더 중요한 관심거리가 되고 있다. 그렇기 때문에 폭력에 대한 이해는 사회 전반과 자연에 대한 이해의 실마리를 줄 수 있다고 할 수 있다. 사람의 질병을 연구하고 치료의 방법을 개발하면서 인체를 더 깊이 이해할 수 있듯이 우리 사회의 병적인 요소라고 할 수 있는 폭력의 문제를 다루면서 사회에 대한 이해를 할 수 있다는 것이다. 말하자면 폭력을 통한 세상보기가 가능할 수 있다는 것이다.

그런데 우리 사회에서는 폭력이라는 말1)이 어떻게 사용되든지 간에 폭력은 '나쁘다'는 가치판단이 전제되고 있다. 폭력을 없애야 한다는 것도 그런 말을 쓰는 배경이 되고 있다. 폭력이 없는 사회를 만들어야 한다는 주장은 항상 사회적 구호가 되었다. 그렇지만 동서고금을 막론하고 폭력이 없는 시대와 사회가 있었던가! 마치 질병이 늘 있고 그것을 극복하기 위한 노력을 경주해야 하는 것처럼 폭력은 인간 사회의 불가피한 현실이며, 그것을 극복하기 위한 노력이 언제나 필요한 것이다.

특히 폭력이 사회의 문제가 되는 것은 그것이 계속 확대될 수 있다는 데 있다. 폭력 자체가 인간성(personhood)을 침해하는 것이기 때문에 폭력을 당한 사람은 비인간적인 저항을 하게 되며, 결국 이성으로 제어할 수 없는 폭력의 악순환이 생겨나는 것이다.2) 예컨대 누군가가 나를 한 대 때렸다면 나는 두 대를 때리게 되고, 그 사람은 다시 나를 서너 대 때리는 등 폭력의 상황은 확대되고 반복된다는 것이다. 흔히 말하듯 애들 싸움이 어른 싸움이 되고 지역 분쟁이 세계 전쟁으로 커지기 쉽다는 것이다. 그래서 폭력은 생기지 않도록 막아야 하고, 일단 생겨난 폭력은 최소한도에서 끝내야 하는 것이다.

폭력이 확대되고 반복된다는 바로 그러한 이유 때문에 폭력이 허용되고 정당화되는 것은 결코 바람직하지 않다. 범죄

자나 남에게 피해를 준 사람에 대한 처벌로서의 폭력이 인정되는 것은 더 큰 폭력을 막기 위한 것이지 폭력 그 자체를 정당화하는 것은 아니다. 학교에서 체벌이 논란거리가 되는 것도 폭력을 정당화해서는 안 된다는 것이다. '사랑의 매'란 이름으로 학교와 가정에서의 폭력을 미화할 수 있지만 '매' 자체가 사랑의 표현일 수 없다. 모든 사회에서 폭력을 없애는 노력이 중시되어야 하고 그 구체적인 방법이 사회 전체의 관심사로 부각되는 것은 당연하고 바람직한 것이다.

그런데 인류의 역사 속에서는 이렇게 부정적으로 인식되고 있는 폭력이 인정되고 바람직한 것으로 조장되기도 했다. 그것도 언뜻 보기에는 전혀 그렇게 해서는 안 될 것이라고 여겨지는 종교에서 오히려 그런 일들이 널리 행해졌다. 희생제의(sacrifice)로 규정되는 종교 의례는 대부분의 고대 종교들에서 가장 중심적인 의식이었고, 그 행사 중에는 여러 가지 끔찍한 폭력이 자행되었다. 고대 이스라엘 종교에서는 소나 양 등의 짐승들을 무수히 불로 태워 죽이거나 도살하여 사방에 피를 뿌리는 의식이 있었고, 고대 인도나 중국에서도 그와 유사한 종교 행사들이 많았다. 심지어 인간을 그와 같은 방법으로 죽이는 인간 희생제의(human sacrifice)도 여러 문화에서 널리 행해졌다. 왜 그랬을까?

종교는 흔히 성스러운 세계로 이해된다. 성스러움이 중시되고 의미 있는 것으로 여겨지는 곳이 종교이다. 그래서 종교에서는 성인이나 성자, 성경, 성물, 성스러운 시간과 장소 등등의 성(聖)이란 글자가 들어가는 용어가 유난히 많다. 성스럽다는 말이 무엇을 뜻하는지 다소 모호하기는 하다. 학자들의 설명에서도 일치된 견해가 없지만, 일반적으로 종교적으로 가치있게 여겨지는 사람이나 사물, 자연물, 행위, 시간과 공간을 모두 성스럽다고 표현할 수 있다.

희생제의는 고대 종교에서 가장 성스러운 행위 중의 하나였다. 희생제의는 종교적 사제들에 의해 진행되고 거룩한 시간과 공간에서 이루어지며 종교를 믿는 사람들이 그들의 신앙 대상에게 희생물을 바치는 종교 의식이다. 인도나 아프리카 혹은 세계 여러 곳에서는 아직도 동물을 죽이는 희생제의가 행해지고 있다. 오늘날 세계 종교로 불리는 대표적 종교들의 역사 속에서도 희생제의가 가장 중심적인 종교 의례였던 경우가 많다. 그리고 기독교의 예배와 유교의 제사, 불교의 예불 등 오늘날의 여러 종교에서 행해지는 핵심적인 종교 의식들이 고대 희생제의의 변형이거나 발전으로 설명되고 있다.

희생제의는 성스러운 폭력이고, 인정되고 정당화된 폭력이며, 오늘날까지 변형되거나 발전되어 남아 있는 의식이다. 따라서 희생제의를 이해하는 것은 성스러움의 의미를 파악하는 것이며 동시에 폭력이 정당화되는 이유에 대한 분석이 될 수밖에 없다. 앞으로의 논의 과정에서 밝혀질 것이지만, 희생제의에서의 폭력의 허용과 정당화는 사실상 더 큰 폭력과 폭력의 악순환을 막기 위한 것이었다. 말하자면 성스러운 폭력을 통한 부당하고 확산되는 폭력의 극복 방법이 희생제의였던 것이다. 종교의 세계에서는 성스러운 폭력이 허용되고 폭력이 나쁜 것만이 아닌, '좋은' 폭력으로 그려질 수 있었다. 그렇기 때문에 희생제의에 대한 이해는 폭력에 대한 이해를 낳게 되고, 폭력을 극복할 수 있는 지혜를 전수받는 길이 될 수 있다.

이러한 점에서 폭력이 전혀 없는 사회를 건설하겠다는 것은 매우 비현실적인 태도라고 할 수 있다. 역사적으로 폭력이 없었던 때는 없었다. 원시시대에서부터 오늘날까지 세계 어느 곳에든 폭력이 발생하여 왔다. 폭력의 근절은 '구호'가 될 수 있을지언정 현실적으로는 불가능하다. 폭력을 정당화해서도 안 되지만 폭력을 완전히 없앨 수 있다는 생각도 바람직하지 못하다. 폭력은 우리 몸의 병처럼 생겨날 수밖에 없는 것이며, 그렇기 때문에 병에 대한 예방과 치료가 중요하듯이, 폭력을 사전에 막고 이미 발생한 폭력을 최소한도로 줄이며 그 극복을 위해 노력하는 것이 필요한 것이다. 희생제의는 바로 그러한 폭력의 예방과 극복의 사회적 장치였던 것이다.

그리고 희생제의가 거의 다 사라진 오늘날에는 폭력의 문제가 어떻게 다루어지고 있는지에 대한 분석도 필요할 것이다. 희생제의는 거의 다 사라졌지만 폭력은 계속되고 있으며, 폭력을 극복하기 위한 노력 또한 지속될 수밖에 없기 때문이다. 희생제의를 비판하고 그 무용함을 강조했던 많은 역사적 종교인들이 그 대신 다른 방책을 제시하여 왔다. 이를 구체적인 사례들을 통해 확인하고자 한다. 이 과정에서 오늘날 만연되고 있는 폭력의 문제를 새롭게 조명할 수 있을 것이다.

희생제의의 사례들

　희생제의는 거의 모든 고대 종교들에서 행해졌던 종교 의
례였다. 또 희생제의는 종교 의례들 중에서 가장 중시되고 널
리 행해졌으며 핵심적 역할을 담당했다. 가장 일반적인 희생
제의는 동물들을 죽여서 신에게 바치는 의식인데, 이는 오랜
역사 속에서 다양한 형태로 나타났다. 식물을 희생제물로 삼
는 경우도 있지만 이는 매우 드물어서 동물을 대체할 수 있을
정도로 매우 귀한 식물만 제물이 되었다. 몇몇 고대 문명들에
서는 인간을 희생제물로 바친 예가 있지만 점차 동물로 대체
되었고, 인간이 그 대상일 경우는 죄수와 포로 등의 특정 부류
의 사람들에 한했다.

　오늘날에도 아프리카와 인도, 동남아시아 등의 여러 문화에

서 희생제의가 남아 있고, 이슬람 축제에서는 수많은 양과 낙타가 희생의 제물로 바쳐지고 있지만, 고대 문명에서 볼 수 있는 것과는 차이가 많다. 아마도 가장 원형적인 희생제의의 사례는 고대 문명에서 찾을 수 있을 것이다. 희생제의에 대한 연구자들도 대부분 그 기원이나 기능 혹은 유형을 고대 문명의 사례에서 찾고 있다.

고대 문명에서 오늘날까지 문헌상으로 분명히 확인할 수 있는 희생제의의 대표적 사례로는 고대 이스라엘과 고대 인도 그리고 고대 중국의 경우를 들 수 있는데, 먼저 그것들을 개략적으로 살펴보면서 희생제의의 양상을 그려보고자 한다.

고대 이스라엘의 희생제의

고대 이스라엘에서 희생제의가 얼마나 중시되었으며 자주 행해졌는지는 구약성서에 잘 나타나 있다. 구약성서의 창세기에 나오는 카인과 아벨의 제사, 홍수 후에 노아가 드린 제사, 아브라함이 아들인 이삭을 신에게 바치려 했던 제사도 모두 희생제의이다. 고대 이스라엘의 대표적인 왕이었던 솔로몬도 자주 대규모의 희생제의를 드린 것으로 기록되어 있다. 구약성서의 「레위기」는 다양한 희생제의를 드리는 사제들의 역할과 방법, 목적 등을 다룬 경전이다. 구약성서에 의하면 희생제의로 구분되는 의례가 매우 많고, 그 절차나 드려지는 제물도 다양하다.

고대 이스라엘에서 희생제의를 나타내는 가장 포괄적인 용어는 '제바흐(zebach)'라고 할 수 있다. 그 말 자체가 '죽이다' 혹은 '도살하다'를 의미한다. 고대 이스라엘의 희생제의 방식이 대부분 동물을 죽이는 것이었다는 점에서도 그 말의 의미가 적절하다고 할 수 있다. 또한 '위로 올라가는 것'이란 의미를 지닌 '올라(olah)'도 초기 희생제의의 대표적인 사례로 볼 수 있다. 올라는 희생제의에 쓰는 희생물을 태워서 그 연기가 위로 올라가면 신이 그 향기를 맡는다는 의미에서 붙여진 이름이다. 그 외에 곡식 예물로 드려진 희생제의로 '민하(minchah)'와 죄나 잘못의 속죄와 면죄의 뜻으로 드린 '하타(chatta'ah)'와 '아삼('asham)' 등이 있다. 고대 이스라엘의 희생제의의 한 예로 올라의 절차를 보자.

> 너(사제)는 숫양 한 마리를 끌어다 놓고 아론과 그의 아들들에게 그 숫양의 머리에 손을 얹게 하려라. 그 숫양을 잡고 피를 가져다가 제단을 돌아가며 주위에 뿌려라. 그 숫양의 각을 뜬 다음 내장과 다리를 씻어, 각을 뜬 고기와 머리 위에 얹어 놓아라. 이렇게 숫양을 통째로 살라라. 이것이 주께 드리는 번제이다. 이것이 불에 타며 향기를 풍겨 야훼를 기쁘게 해드리는 제사이다. (「출애굽기」 29 : 15-18, 공동번역)

이와 같이 고대 이스라엘의 희생제의는 소와 양과 같은 동물(가축)을 죽이고 그 피를 제단 주위에 뿌리며, 경우에 따라서는 팔다리와 목을 자르고 가죽을 벗기거나 내장을 꺼내어 살과 함께 불에 태우는, 매우 끔찍한 폭력적 방법으로 실시되었다. 더욱이 병이 들거나 상처가 있는 것 혹은 어떤 흠이 있는 동물은 제물에서 제외되었고, 태어난 지 며칠 되지 않은 어린 동물들도 제물로 바쳐졌다. 솔로몬 왕이 1천 마리의 동물을 태워 희생제의를 드렸다는 기록(「열왕기상」 3 : 4)에서 알수 있듯이 무수히 많은 동물들이 제물로 희생되었고, 그러한 제물을 바치는 제단도 나라 곳곳에 많이 있었다. 고대 이스라엘은 희생제의를 근간으로 하는 국가였다고 할 수 있다. 희생제의는 국가의 가장 큰 행사 중에 하나였던 것이다.

고대 이스라엘에서 성전을 지은 목적 중의 하나는 희생제의를 드릴 장소를 마련하는 데 있었다. 예루살렘 성전을 짓기위한 노력이 국가적 차원에서 이루어졌다.

희생제의는 예수가 활동하던 시대에도 성전에서의 중요한 종교 의식이었고,[3] 기원후 70년에 제2성전이 파괴되어 더 이상 희생제의를 드릴 수 없는 상황이 되기까지 유대교에서 지속되었다.

고대 인도의 희생제의

고대 인도에서 희생제의가 만연했다고 하는 사실은 농경생활에 필수적인 소의 부족을 걱정할 정도였다는 지적[4]과 제의를 주관하는 사제들이 최고의 지위에 있었다는 사실에서 확인할 수 있다.[5] 신들에게 바치는 제물도 동물 외에 곡식이나 식물, 새, 소마(soma)[6] 등으로 다양했고, 그 방식도 여러 가지였다.[7]

고대 인도의 동물 희생제의를 대표하는 말로는 '파수반다 (pasubandha)'가 있는데, 그 뜻은 희생되는 동물을 '묶는다'는 것이며, 고대 인도에서 가장 복잡하고 중시되었던 소마 희생 제의의 한 부분으로 통합되었다. 고대 인도의 희생제의는 희 생제물을 결박한 상태에서 도살했기 때문에 그러한 명칭이 붙 었다. 소마 희생제의는 소마라는 음료를 신에게 바치는 의식 인데, 그 과정에서 말(馬)을 희생제물로 바치는 것(아스바메다 (asvamedha))이 포함된다. 소는 신성한 동물이었기 때문에 주로 말과 양이 희생의 대상이 되었다.

고대 인도의 희생제의에서도 식물이나 음료 혹은 동물을 불 에 태우는 것이 많은데, 불은 '신의 입'으로 간주되어 희생제물 을 신에게 바치는 의미가 부각되었다.[8] 특히 아그니(Agni)는 불 (火)의 신으로 고대 인도의 전형적인 희생제의 신격이었다.

기원전 8~7세기경 베다 시대에는 희생제의가 사회의 가장 중요한 의식이었다. 이 의식을 통해 일반인들이 신들에게 접 근할 수 있었고, 가족이나 마을 단위로 때로는 전 부족이 참여 하는 대규모의 희생제물을 바치기도 했다. 희생제의가 복잡해 지고 정교해지면서 그것을 주관하는 사제 계급, 곧 브라만의 권위가 강화되었고, 사회 지도층으로서의 위상을 확립할 수 있었다.

인도 최고(最古)의 경전인 『베다 *Vedas*』는 희생제의의 산물이다. 『리그 베다 *Ṛg-Veda*』는 희생제물을 받는 신들에 대한 찬가이고, 『야주르 베다 *Yajur Veda*』는 희생제의에서 쓰이는 제사(祭詞)를 모은 것이다. 그리고 『사마 베다 *Sāma Veda*』는 희생제의에서 부르던 노래를 모은 것이다. 기원후 2세기경에 편집된 고대 인도의 최고의 법전인 마누법전에서도 갖가지 죄와 부정을 씻는 방법으로 희생제의를 널리 시행토록 했다. 예컨대 브라만을 살해한 자는 말(馬) 희생제의를, 독신 서약을 파괴한 자는 애꾸눈 당나귀 희생제의를 행하도록 했다.[9]

동물 희생제의는 힌두 전통에서 중요한 위치를 차지했는데, 오늘날에도 칼리(Kali)나 마리야만(Mariyamman)과 같은 무섭고 폭력적인 여신들에게 새와 염소 혹은 때때로 물소를 제물로 바치는 예가 남아 있다. 이때는 도살된 동물을 통째로 제단에 놓기도 하고, 피를 받아 바치기도 한다.

1947년에 인도 정부에서 동물을 제물로 바치는 것을 금지했지만, 염소와 양, 새(닭)를 제물로 바치는 경우는 아직도 많다. 월터 엘리어트 경은 1984년에 물소를 희생제물로 바치는 목격담을 남기기도 했다. 산 채로 목과 다리를 자르고 사방으로 피가 뿌려지는 등 유혈이 낭자한 폭력 상황이 전개되는데, 마을 사람이 모두 함께 도살과 피 뿌림에 참여한다.[10] 인도의 시골 마을에서는 아직도 여러 동물을 희생제물로 바치고 있는데, 작두 같은 모양의 칼로 단번에 목을 자르는 방식이 행해지고 있다.

이와 같이 고대 인도에서는 희생제의가 가장 중요한 사회적 행사였고, 그것을 주관하는 사제들에 의해 사회가 통치되었으며, 법적으로 금지된 오늘날까지 부분적으로나마 지속될 정도로 인도 전통에 뿌리 깊게 남아 있는 종교 의례이다.

고대 중국의 희생제의

고대 중국에서 희생제의가 널리 행해졌다는 사실은 오늘날의 중국 문자인 한자의 근간이 되는 갑골문만 보더라도 우선적으로 확인할 수 있다. 제사(祭祀)의 제(祭)는 갑골문에서 손으로 피가 뚝뚝 떨어지는 고깃덩어리를 쥐고 있는 모습에 보일 시(示)가 첨가된 것이다.[11] 글자의 형태에서는 도살된 제물(동물)에서 피가 흘러내리는 장면이 연상될 수밖에 없는데, 이는 희생제의의 전형적인 모습이다.

종교라는 말의 종(宗)을 비롯하여 신(神)·축(祝)·사(社)·사(祀)·조(祖)·복(福) 등의 종교와 관련된 말들에는 거의 어김없이 보일 시(示) 자가 들어가는데, 그 말은 제단(丁) 위에 올려놓은 제물에서 흘러내리는 피의 모습을 나타낸다고 보기도 한다.[12] 이것 또한 희생제의의 전형적인 모습이다.[13]

고대 중국에서는 희생제의를 드리는 시기와 장소 혹은 희생제물 등을 정하기 위해 점(占)을 치는 것이 상례였는데, 그때에도 많은 동물이 희생되었다. 오늘날까지 남아 있는 갑골은 문자 그대로 거북의 등과 소뼈(특히 어깨뼈)인데, 그것은 점을 칠 때 사용한 것이다. 갑골에 점을 치는 내용을 적은 다음

뜨거운 불 위에 올려놓으면 균열이 생기고 그것을 보고 점을 친 것이다. 그 균열을 형상화한 글자가 점 복(卜)자이고, 그것을 해석한 것이 점(占)이다. 이와 같이 점을 치기 위해서라도 거북과 소를 도살해야 했다. 점을 치는 것 자체가 희생제의의 한 부분이 되었다는 점에서 동물 희생제의가 고대 중국에서 매우 빈번하게 실시되었다는 사실을 알 수 있다.

고대 중국에서 시행되었던 희생제의의 형식과 종류는 매우 다양했다. 요순(堯舜) 시대에 이미 조상에게 황소를 제물로 바친 기록이 있는데, 그 방식은 이렇다.[14] 먼저 제물의 머리카락에서 귀 뒷부분을 잘라낸 후 도살했고, 몸의 지방질을 뜯어내어 태웠으며, 고기들을 잘게 잘라 요리를 하여 접시에 담아 제단에 놓았다. 이러한 과정으로 진행되는 희생제의에서는 유혈이 낭자할 수밖에 없었고, 네 발이나 꼬리 등의 몸 일부를 절단(각을 뜨는)하는 경우도 있었기 때문에 더 심각한 폭력적 장면을 연상할 수 있을 것이다. 주로 소가 가장 중요한 희생제물이었고, 그 중에서도 특등급의 소가 선별되었다. 도살된 소를 통째로 불에 사르는 번제도 널리 행해졌다.

신정국가를 이룬 은나라(후에 상나라로 바뀜) 시대부터 상제(上帝)와 여러 천계의 신, 조상신, 자연신 등의 많은 초월적 존재들이 제사의 대상이 되었고, 특히 조상에 대한 제사로서의 희생제의는 오랫동안 지속적으로 거행되었다. 대체로 소, 염소, 돼지가 주된 희생제물이 되었고, 개나 새가 제물이 되는 경우도 있었다. 경우에 따라서는 사람까지 희생제물로 바친 기록도 있다.[15] 상나라의 통치자들이 신들에게 희생제의를 드리는 일에 몰두한 나머지 통치에는 소홀하였고 결국 망하고 말았다는 기록에서도 희생제의가 얼마나 중시되었는지를 짐작할 수 있다.

이와 같이 고대 중국에서는 동물을 도살하여 제물로 삼는 희생제의가 국가의 중심적 종교 의례였고, 가정이나 마을에서도 희생제의를 주기적으로 거행했으며, 희생제의를 근간으로 한 사회를 형성했다고 할 수 있다.

희생제의에 관한 설명들

앞에서 살펴본 고대 문명에서 행해진 희생제의의 대표적 사례들은 희생제의가 매우 폭력적인 방법으로 진행되었다는 점을 잘 보여주고 있다. 그리고 인도와 동남아시아, 아프리카 등에서 아직도 남아 있는 희생제의의 모습은 사람들의 관심을 끌기에 충분한 흥밋거리이다. 많은 사람들이 모여 있는 종교 행사에서 공개적으로 동물이 도살되고 피가 사방에 뿌려지며 털과 고기가 타는 냄새가 진동하는 모습은 혐오스러운 장면이지만 진지하고 성스럽게 치러지는 의식 자체는 신기하고 흥미 있는 볼거리가 될 수 있다.

그런데 희생제의가 학자들의 관심을 끌게 된 것은 무엇보다도 원시 및 고대 사회에서 그 의례가 보편적이고 매우 중시되었다는 데 있다. 그리고 더 나아가 오늘날의 대표적 종교 의례들이 희생제의에서 비롯되었다는 것도 희생제의의 중요성을 부각시켰다. 그래서 희생제의를 이해하는 것은 원시 및 고대의 종교와 사회를 살필 수 있을 뿐만 아니라 오늘날의 종교 의례들이 지닌 의미를 탐구하는 데에도 필수적이라고 할 수 있다.

희생제의(sacrifice)의 어원과 정의

희생제의라는 말은 라틴어의 sac라는 어근에서 유래된 여러 단어 중 하나이다. 그 말은 '행복이나 재난을 가져올 수 있는 보이지 않고 만질 수 없는 어떤 힘(power)과의 관계'를 뜻한다. 이 어근을 사용한 단어 중 sacer은 '규정된 의식에 따라 신에게 바치는 대상들'을 의미하며, 곧 희생제물이 될 수 있는 것들이다. sacrificium은 희생제의를 통해 신에게 바쳐진 제물을 뜻한다. 그리고 sacer를 sacrificium으로 만드는 과정이 sacrificare인데, 바로 이 말에서 희생제의란 말이 나오게 된 것이다.[16] 곧 신에게 바치는 제물이나 그 제물을 받는 신보다는 바치는 과정을 뜻하는 말이다. 그래서 희생제물을 죽이고 피를 수거하여 뿌리거나 고기와 기름기를 태우는 일련의 과정이 희생제의가 되는 것이다.[17]

영어 사전들에서는 대체로 어떤 것을 위해 또 다른 어떤 것을 파괴하거나 포기하는 것으로 희생제의를 설명하고 있다.[18]

의례와 관련해서는 동물의 도살이나 사람의 살해 혹은 소유물의 포기라는 뜻이 가장 널리 사용되고 있다.

희생제의란 말의 어원이나 용례가 다양하기 때문에 그것에 단일한 정의를 하는 것 자체가 힘들지만, 어원이나 의례를 염두에 두고 폭력과의 관계를 고려한다면 다음과 같은 정의를 할 수 있다고 본다. 곧 '개인 혹은 집단이 그(그들)에게 매우 가치 있는 것을 파괴하는 폭력적 방법으로 초월적 존재(신 등)에 바치는 일련의 과정'[19]이 희생제의이다. 물론 이 정의는 앞으로 다루게 될 내용을 염두에 둔 작업 가설적 정의(the operational definition)이다.

이러한 정의에서는 무엇보다도 희생제의에서 제물들에게 가해지는 '폭력적 방법'이 강조된다. 희생제의에서 제물을 죽이고, 태우거나 피를 뿌리는 행위 등은 명백히 폭력이라고 할 수 있기 때문이다. 또한 '매우 가치 있는 것'은 그것의 파괴가 물질적 손해 및 정신적 충격을 주는 것을 의미한다. 희생제의에서는 항상 가장 가치 있는 것이 그 파괴의 대상이 되었고, 동시에 그것이 그것을 드리는 자와 동일시되었기 때문에 정신적으로도 엄청난 충격을 줄 수 있는 것이기도 했다.

또한 희생제의가 종교 의례라는 점도 강조할 필요가 있다. 희생제의는 희생제물을 신앙의 대상에게 바치는 의식이며, 그 신앙의 표현이기 때문이다.

그런데 주지하다시피 오늘날에는 희생제의가 거의 다 사라졌다. 그렇기 때문에 희생제의에 대한 정의는 오늘날의 의미로 재해석되어야 한다. 특히 희생제의에 나타난 폭력적 방법과 매우 가치 있는 것의 파괴, 그리고 종교 의례라는 특징이 재해석되어야 한다. 왜 희생물을 폭력적인 방법으로 살해했는가? 사회에서 가장 가치 있는 제물을 바친 이유는 무엇인가? 종교적으로 왜 그러한 의식이 중시되었는가? 오늘날 희생제의를 대체하고 있는 것이 무엇인가? 이러한 질문들에 답을 하기 위해 우선 희생제의의 기원, 유형과 기능 그리고 최근의 이해를 살펴볼 필요가 있다.

희생제의의 기원에 관한 이론

희생제의가 본격적으로 학자들의 관심으로 부각된 것은 19세기 후반이었다. 영국을 비롯하여 서구 열강들이 서구 이외의 지역을 식민지로 삼으면서 식민지에서의 사회적 풍습과 종교에 대한 연구도 널리 행해졌고, 본격적으로 종교에 대한 학문적 연구(종교학)도 시도되었다.

물론 그 이전에도 서구 사회에서 비서구 사회의 종교와 풍습에 대한 관심과 연구가 있었지만, 그러한 것들을 미신 혹은 기이한 볼거리 정도로 취급했고 비판과 비난의 대상으로 여겼기 때문에 학자들이 크게 주목하지는 않았다. 그러다가 18세기의 계몽주의와 19세기의 자유주의의 영향을 받으면서 비서구 지역의 종교를 기독교와 같은 하나의 종교로 인식하기 시작했고 기독교와의 비교를 통한 연구가 본격화되었다.

당시 종교 연구자들의 공통된 관심사는 종교의 기원이었다. 그들은 종교의 가장 원초적인 형태를 알 수 있다면 전세계의 다양한 종교를 체계적으로 이해할 수 있다고 여겼다. 특히 진화론이 인문학과 사회학에 두루 영향을 미치면서 종교 연구에도 도입되었고, 서구의 종교(기독교)가 가장 많이 진화되고, 완전한 종교라는 가정 하에 종교의 기원을 탐구했던 것이다. 바로 그러한 종교의 기원에 대한 이론들이 나타나면서 희생제의의 기원도 함께 설명되었다.

당대 학자들이 주목할 만한 이론을 처음 제시한 사람이 영국의 인류학자 타일러(E. B. Tylor, 1832~1917)였다. 그는 종교의 기원을 정령숭배(animism)에서 찾았다. 삼라만상에 눈에 보이지 않는 정령이 있고, 그 정령에 대한 숭배에서 종교가 비롯되었다고 본 것이다. 그런데 바로 그 정령에게 원하는 것을 간청하면서 예물로서 희생제물을 바쳤는데, 거기서 희생제의가 기원하게 되었다는 것이 타일러의 주장이었다. 그의 주장은 이른바 예물설(the gift theory)로 알려졌다. 말하자면 '당신이 되돌려 줄 것을 믿으며 바친다(do ut des)'는 원리가 희생제의에 적용되었다고 본 것이다. 타일러는 종교가 정령숭배에서 다신숭배, 일신숭배, 유일신숭배로 진화되었다고 보았으며, 희생제의는 원시 시대의 잔유물로 보았다. 곧 아직도 정령숭배와 다신 신앙이 남아 있듯이 오늘날까지 남아 있는 희생제의는 원시 시대의 종교 의식이 진화가 되지 못한 채 잔존하고 있다는 것이다.

희생제의의 기원에 대한 타일러의 주장은 정령숭배를 종교의 기원으로 본 입장과 함께 많은 비판을 받았다. 무엇보다도 그의 이론은 여러 문화에서 발견된 신을 살해하는 의식을 설명하지 못했다. 원시 및 고대 사회에서는 신에게 예물을 바치는 것이 매우 널리 행해지던 종교적 관행이었지만, 신 자체가 희생제물이 되는 경우와 희생제물에게 폭력이 용인되는 점을 예물설로서는 충분히 설명할 수 없다. 즉, 신에게 예물로 무언가를 바치는 것이 희생제의라면 그 신을 죽이는 의식을 설명할 수 없다. 그리고 그 주장으로는 예물로 바치는 동물에게 폭력을 가하는 것도 제대로 설명하기 힘들다. 종교와 희생제의에 대한 진화론적 설명도 비판되었다. 종교의 진화를 설명할 수 있는 근거가 없기 때문이다.

영국의 스코틀랜드 출신이며 『대영백과사전』에서 '희생제의'라는 항목을 집필한 로버트슨 스미스(W. Robertson Smith, 1846~1894)는 타일러의 정령숭배를 비판하면서 토테미즘(totemism)을 종교의 기원으로 보았으며, 그것을 근거로 희생제의를 설명했다. 한 부족이나 공동체에 의해 그 사회 전체를 상징하는 동·식물이 숭배될 때 그 동·식물을 토템이라 하고, 그러한 신앙을 토테미즘이라고 하는데, 그것이 바로 종교의 가장 원초적 형태라는 것이 스미스의 주장이었다. 그런데 그에 의하면, 한 부족이 토템을 죽이고 그것을 함께 먹음으로써 부족 구성원 사이와 부족과 토템(후에 신격화됨)의 유대를 돈독히 하기 위한 의식이 있었는데, 그것이 희생제의의 기원이라는 것이다. 교제설(the communion theory)로 알려진 그의 이론은 토템(신)을 제물로 삼은 희생제의를 설명할 수는 있지만 제물을 폭력적인 방법으로 살해하거나 불에 태우는 것에 대한 설명으로는 충분치 못하다.

타일러와 스미스의 이론을 종합하고 수정한 이론을 제시한 사람이 네덜란드의 종교현상학자 게라르두스 반 델 레우(G. van der Leeuw, 1890~1950)이다. 그는 타일러의 주장을 수용하여 희생제물이 신에게 바친 예물이라는 것을 인정하면서도 희생제물 자체가 주는 자와 받는 자를 결속시키는 주술적 힘이 있다고 함으로써 한층 발전된 이론을 제시했다. 희생제물의 주술적 힘이 단순히 부족 구성원과 신의 유대를 강화할 뿐만 아니라 공동체 전체를 위협하는 악령이나 범죄를 극복하게 한다고 봄으로써 스미스의 교제설을 보완하기도 했다. 그러나 반 델 레우의 주장에서도 희생제물에 대한 폭력이 제대로 설명되지는 못하고 있다. 희생제물을 폭력적인 방법으로 살해해야 그 주술적인 힘이 나올 수 있는지는 분명히 밝히지 못한 것이다.

프랑스의 사회학자들인 앙리 위베르(Henri Hubert, 1872~1927)와 마르셀 모스(Marcel Mauss, 1872~1950)는 희생제물을 드리는 사람과 그것을 받는 존재(신)의 관계에 주목했다. 그들은 희생제의가 성스러운 영역과 속된 영역을 연계시킨다고 보았다. 그들에 의하면, 살해된 제물을 통해 제물을 드리는 속된 영역에 있는 사람들과 성스러운 영역에 있는 제물을 받는 신이 연결되고, 그 과정에서 드리는 자의 도덕적 상태가 점검될 수 있다고 본 것이다. 곧 제물을 드리는 자는 마음을 정결히 해야 하고 도덕적으로도 흠이 없어야 하기 때문에 희생제의를 드리면서 성스러운 영역과 연결될 수 있는 상태가 될 수 있다는 것이다. 그리고 제물을 드릴 때에는 드리는 사람의 마음이 함께 전달된다는 것이 이들의 주장이다. 이러한 주장에서도 예물설과 교제설이 모두 적용되지만, 성스러운 행위에 폭력이 동반되는 점은 분명히 밝혀지지 않았다. 즉, 제물을 드리는 사람이 왜 제물을 폭력적으로 살해해야 하는지에 대해서는 설명하지 못하였다.

희생제물을 죽이거나 태우는 것은 『황금가지 *Golden Bough*』라는 저서로 널리 알려진 영국의 인류학자 제임스 프레이저(James G. Frazer, 1854~1941)를 통해서 설명되었다. 프레이저는 원시사회에서 널리 행해지는 주술(呪術, magic)에서 종교의 기원을 찾았다. 그에 의하면, 주술은 비인격적이고, 초자연적인 것에 대한 신념에서 비롯되었다고 한다. 예를 들면, 어떤 사람이 자기의 원수에게 해코지를 하기 위해 그의 초상을 그리고, 그것에 낙서를 하거나 칼로 훼손하는 주술의 행위를 했는데, 그렇게 하면 그 원수에게 해가 미친다는 것이다. 또는 여자가 아기 인형을 가랑이 사이에 넣었다가 떨어뜨리는 행위를 반복하면 아기를 낳을 수 있다는 것도 주술적 신념이다. 프레이저는 이러한 주술은 비인격적·초자연적인 존재에 대한 숭배이며 원시인들의 과학이라고 보았다. 그러다가 원시인들이 지적으로 발달하면서 주술을 포기했고 인격적인 신들을 믿는 종교가 나타나게 되었다는 것이 그의 주장이었다.

프레이저는 희생제의의 기원도 주술에 있다고 주장했다. 그에 의하면, 원시인들은 식물들이 죽었다가 다시 새롭게 소생한다고 여겼고, 이를 모방하여 신들을 죽임으로써 그들의 원기를 회복하고자 하는, 이른바 모방 주술적 회춘의 의식을 거행했는데 그것에서 희생제의가 비롯되었다는 것이다. 신들도 오래되면 동·식물처럼 힘이 없어지고 능력이 떨어지기 때문에 그 신을 믿는 원시인들은 그 신을 죽임으로써 다시 새롭게 태어날 수 있게 된다고 여겼다는 것이다. 바로 그런 생각 때문에 신들을 죽이는 의식, 곧 희생제의가 생겨나게 되었다는 것이 프레이저의 주장이다.

그런데 그의 주장에는 원시인들이 지적으로 열등하다는 판단이 전제되어 있다. 이것은 후대 학자들에 의해 그의 주술과 종교에 대한 이론들이 전면적으로 비판되는 주된 이유였다. 원시인들이 현대인보다 지적으로 열등하다는 명백한 증거가 없기 때문이다.[20]

한편 핀란드의 웨스터마크(Edward A. Westermark, 1862~1939)는 희생제의가 원시 농경사회에서 비롯되었다고 보았다. 그에 의하면, 곡식의 수확에 실패하여 기근에 시달리던 원시 농경사회에서는 구성원 사이의 갈등으로 인한 폭력 사태가 발생할 수밖에 없었다. 그러한 때에 폭력을 미연에 막기 위해 폭력에의 욕구를 초자연적 신에 대한 폭력으로 유인했고, 그렇게 하여 사회적 위기를 극복했다는 것이다.

이러한 주장은 원시 농경사회가 최초의 원초적인 사회라는 것을 증명할 수 있어야 희생제의의 기원으로 설득력을 지닐 수 있지만, 그 점이 분명하지 못하다. 그러나 희생제물에 대한 폭력의 의미를 나름대로 설명할 수 있다고 본다. 말하자면 희생제의가 희생제물에 대한 폭력을 통해 사회적 폭력을 막으려 했다는 것이다. 이러한 입장은 희생제의를 폭력과 연관시켜 논의하는 기폭제가 되었다.

이 밖에도 희생제의의 기원과 관련된 여러 이론들이 있다. 프로베니우스(Leo Probenius)는 농경문화권에서 신화적 사건을 제의적으로 반복한 것으로 보았다. 신화와 제의의 밀접한 관계를 희생제의의 기원에 적용한 것이다. 정신분석학자인 프로이트(S. Freud)는 원시 시대의 근친 살해 행위를 반복하기 위해 희생제의가 수립된 것으로 보았다. 이성(異性)인 어머니에 애착을 느낀 아들들이 아버지를 죽인 원초적 살인 사건에서 희생제의가 비롯되었다는 것이 프로이트의 주장이다. 곧 프로이트는 오이디푸스 콤플렉스(oedipus complex)에서 희생제의의 기원을 찾은 것이다. 종교인류학자인 에반스-프리차드(E. E. Evans-Pritchard)는 아프리카의 누어족(Nuer)의 예를 들어 희생제물은 질병과 같은 재앙에서 벗어나게 해 달라며 신에게 드리는 예물이라고 보았다.

이러한 이론들은 종교의 기원 이론들과 마찬가지로 희생제의의 다양한 형태와 의미를 제시한 것으로는 의미가 있지만,

희생제의의 기원에 관한 이론 자체로는 별로 설득력이 없다. 각각의 이론에 부합되지 않는 희생제의의 사례가 너무 많기 때문이다.

종교의 기원 이론들이 많이 나왔지만 그 어느 하나도 학자들의 비판에서 자유롭지 못했고, 차츰 종교의 기원보다는 그 기능을 찾는 연구로 방향 전환이 이루어졌는데, 희생제의에 대한 연구도 비슷한 과정을 거쳤다. 희생제의에 관심이 있는 학자들은 다양한 희생제의들을 유형적으로 분류하고 그 기능을 탐구하는 데 주력하게 되었다. 그러한 유형 분류와 기능에 대한 논의는 대체로 희생제의의 구성요소에 따르고 있다.

희생제의의 유형과 기능에 관한 이론

희생제의의 구성요소는 희생제의를 드리는 자, 희생제물, 희생의 방법, 희생제물을 받는 자, 희생제의의 시기와 장소, 목적 등 여섯 가지로 나눌 수 있는데, 유형적 분석은 주로 희생제의의 목적에 따르는 것이 일반적이다. 유형 분석에 앞서 희생제의의 유형과 기능을 이해하기 위해서는 희생제의의 구성요소들에 대한 설명이 필요하다고 본다.

희생제의를 드리는 자는 개인과 집단으로 대별되고, 점차 전문적인 의례 집행자가 중심이 되지만, 거의 모든 종교 의례들과 마찬가지로 희생제의도 집단적·공동체적 의례라는 점으로 그 특징을 말할 수 있다. 희생제물을 드리는 자가 개인일지라도 종교 의례로 거행되면서 집단적 의식이 되는 것이다.

무엇이 희생제물이 되는가는 시대와 지역에 따라 매우 다양하다. 그렇지만 희생제물은 어떤 사회에서든지 매우 '가치 있는 것'이라는 점에서는 공통점이 있다. 고대 사회에서는 소와 양, 말과 같은 재산 가치가 높은 동물들이 주로 희생제물로 바쳐졌다. 인간이 희생제물이 될 경우에는 대체로 노예나 포로, 죄수 등 그들을 제물로 드리는 집단 구성원과 어느 정도 구분될 수 있는 사람들이었다. 그리고 희생제의에서는 항상 흠이 없는 희생제물을 선별하거나 정화하는 절차가 있었는데, 그것은 희생제물들의 가치를 최고로 높이기 위한 과정의 하나라고 할 수 있다.

희생의 방법도 여러 가지이다. 희생이 되는 동물을 산 채로 결박하여 도살하고, 대동맥을 찔러 피를 받아 뿌리며, 통째로 살을 태우기도 한다. 혹은 때려서 생존이 불가능한 곳으로 멀리 쫓아버리는 경우도 있고, 몸의 일부만을 절단하는 등 다양한 방법이 있다.

일반적으로 희생의 방법은 희생제물의 가치를 소멸시키는데 초점이 맞추어지고 있다. 제물을 태우거나 땅에 묻는 것, 혹은 살 수 없는 곳으로 쫓아내는 것 등은 그 단적인 예이다. 그래서 식용을 위한 동물의 도살과는 근본적으로 다르다.

그리고 그 방법이 매우 폭력적이라는 점에서 공통점이 있다. 먹기 위해 죽이는 것이 아니라 공개적으로 유혈이 낭자한 모습을 보여가면서 희생제물을 죽이는 것이 일반적인 희생제의의 모습이다.

희생제의를 드리는 시기도 천차만별이지만, 주기적인 것이든 비주기적인 것이든 사회적 갈등과 위기가 발생하거나 발생이 우려되는 시점에서 희생제의가 드려진다는 점에 그 공통적인 특징이 있다. 예를 들면, 홍수와 가뭄 등의 자연적인 재해로 사회적 위기가 고조될 때, 전쟁을 전후한 시기, 전염병이 만연될 때, 심각한 범죄가 발생했을 때 등 사회적으로 폭력이 발생하기 쉬운 시점에 희생제의가 드려진다. 이는 희생제의가 폭력과 밀접히 연관되어 있다는 것을 잘 드러낸 것이다. 말하자면 폭력이 발생할 수밖에 없는 사회적 위기 상황에서 희생물을 폭력적으로 죽이는 희생제의가 사회적으로 거행된 것이다.

희생제의를 받는 자는 숭배의 대상이 되는 경우가 대부분이다. 한 집단이나 공동체가 숭배하는 신앙의 대상이 희생제물을 받는 존재로 규정되는 것이다. 그렇기 때문에 희생제의는 종교적 의식으로서 성스러운 행위가 된다.

이러한 희생제의의 구성요소들에 대한 분석을 통해 희생제의의 몇 가지 특징을 정리할 수 있다. 희생제의는 집단적 의례이고, 그 집단에 매우 가치가 있는 것을 폭력적인 방법으로 파괴하는 의식이며, 사회적 위기의 시기에 그 집단의 신앙 대상에게 드리는 종교적 의례이다.

문제는 왜 그런 의식을 드리는가이다. 이 문제는 희생제의의 기능을 통해 설명되고 있다. 그리고 다양한 기능에 따라 희생제의의 유형이 제시되기도 한다.

일반적으로 희생제의는 그것을 드리는 자들에 의해 명시적으로 언급된 목적이 있다. 예들 들면 신이나 초월자에게 예물을 드리기 위한 것, 잘못이나 죄에 대한 속죄를 위한 것, 신을 찬양하거나 신께 감사를 드리기 위한 것, 억울한 일을 신에게 탄원하기 위한 것, 불결하고 부정한 것을 정화하기 위한 것 등의 다양한 목적이 거론된다.『브리태니커 백과사전』에서는 희생제의의 기능을 그 목적에 따라 화목제물과 속죄, 예물, 감사, 다산의 제의, 건축의 제의, 조상제사, 교제 등의 일곱 가지로 나누고 있다.『종교 백과사전 The Encyclopedia of Religion』에서도 그 목적에 따라 네 가지로 나누어 설명하고 있다. 첫째는 찬양(praise)의 희생제의로서, 주로 규칙적인 대규모 의례이며 다른 의례들과 함께 드려진다. 둘째는 감사(thanksgiving)의 희생제의로서, 그 횟수가 더 빈번하고 여러 문화에서 만물[21]을 희생제물로 바치는 것으로 잘 설명된다. 또한 서약 혹은 맹서(盟誓)가 은혜에 대한 감사로서 이루어질 때에는 서약의 희생제의(the votive sacrifices)도 이 범주에 속하게 된다. 셋째는 간청(supplication)의 희생제의인데, 일반적으로 여러 문화에서 발견되는 것으로 그 간청의 내용에는 단순히 어떤 물질적인 것에서부터 고도의 정신적인 축복에 이르기까지 다양하다. 특히 우주적 질서의 유지와 그 유지를 가능케 하는 힘의 강화, 거룩한 물건들이나 사람들에 대한 축복 등도 이 유형의 희생제의에 포함된다. 넷째는 속죄(expiation)의 희생제의로서, 좁은 의미로는 도덕적 잘못을 속죄하기 위한 제사로 설명되지만 넓은 의미로는 정화(purification)와 제액(elimination)까지 포함된다.

대체로 이와 같이 희생제의를 유형적으로 구분할 때에는 그 목적에 따라 나누는 것이지만, 앞서 언급한 희생제의의 기원 이론들 자체가 희생제의의 유형으로 설명되기도 한다. 그런 유형들은 거의 다 그 목적이 경전에 명시되어 있고, 희생제의를 드리는 자들에 의해 이해되고 고백되는 것이다. 최근에는 희생제의를 드리는 자들이 이해하지 못하거나 인식하지 못하는 기능에 대한 논의가 활발히 진행되었다. 그리고 그 기능에 대한 논의에서 희생제의와 폭력의 관계가 본격적으로 거론되고 있다. 그러한 잠재적 기능이 사실상 희생제의를 반복적으로 드리게 한 주된 요인이라고 보고 있다.

최근의 이해

희생제의의 기능과 관련된 최근의 논의는 경전에 의해 명시되어 있고 희생제의를 드리는 자들에 의해 고백되는, 드러난 기능보다는 드러나지 않은 잠재적 기능에 초점이 맞추어져 있다. 사실상 종교 의례를 지속적이며 반복적으로 드리게 된 것이 바로 그러한 잠재적 기능이라고 본다. 종교인류학에서 종교의 기능을 다루는 것도 이와 같은 맥락이다.

최근에 주목을 받은 희생제의에 대한 이론으로는 베티(J. H. M. Beattie)와 르네 지라르(Rene Girard)의 견해를 들 수 있다. 베티가 희생제의의 기능에서 강조한 것은 희생제의를 드린 결과이다. 희생제의의 실제 목적이 그 결과에 있다고 본 그는 희생제의가 한 사회의 총체적인 선을 위한 것으로 규정했다. 곧 한 사회에서 개인적 혹은 집단적 위기 상황에서 벗어나기 위해 희생제의를 드렸다고 본다.[22] 사회적 위기가 있게 되면 희생제의를 드렸고, 그 결과 위기에서 벗어나게 되었으며, 바로 그러한 이유에서 계속 희생제의가 드려졌다는 것이다.

그에 의하면, 희생제의는 세 가지 기능이 있는데, 첫째는 사람들이 희생제의에 참여함으로써 뭔가 가치 있고 보상받을 수 있는 행위를 했다고 느끼게 되는데, 희생제의 자체가 위기를 극복한 상황을 재현한 것이기 때문에 희생제의를 통해 위기를 극복했을 때와 같이 느끼게 된다는 것이다. 둘째는 희생제의에서 참여자들은 일종의 카타르시스를 느끼게 된다는 것이다. 말하자면, 희생제의에 참여함으로써 카타르시스에 빠지게 되고, 그렇게 됨으로써 격정과 죄책감 등을 제거한다는 것이다. 셋째는 희생제의 자체가 집단적 사건으로서 한 집단의 일체감을 갖게 한다는 것이다. 요컨대 베티는 희생제의가 한 사회의 안정과 보존이라는 총체적 선을 위한 윤리적으로 의미있는 의식으로 보았다. 그러나 베티는 희생제의를 일종의 연극으로 봄으로써 희생제의에서 나타나는 엄청난 폭력을 제대로 설명하지 못하였다. 희생제의를 비롯한 많은 종교 의례들에 연극적 요소가 있는 것은 인정할 수 있지만, 동물에 대한 폭력적 살해가 용인되고 심지어 인간마저 희생제물이 될 수 있다는 점을 감안하면 단순히 연극으로 보기 힘들며, 그 폭력적 행위도 이해될 수 없다.

희생제의에서 나타나는 폭력을 중심으로 희생제의의 의미를 설명한 사람이 르네 지라르이다. 르네 지라르는 프랑스 출신의 문학비평가이자 문화인류학자로 희생제의에 관한 책을 여러 권 쓴 학자이다.[23] 그에 따르면, 희생제의의 목적이 공동체 전체를 그 내부적 폭력으로부터 보호함으로써 사회적 유대를 강화하고 조화를 복구하려는 데 있다는 것이다. 그는 인간 사회가 유사 이래 줄곧 모방 본능에 의한 폭력의 충동에 의해 위협받아 왔다고 보았다. 말하자면 어떤 사람이 다른 사람과 같이 될 수 있다고 여기거나 다른 사람이 가진 것을 갖고 싶다는 욕망이 있는데, 그 욕망은 본능적인 것이며 그 욕망을 충족하기 위해 폭력을 사용하게 되었다는 것이다.[24] 예컨대 아버지가 이성(異性)인 어머니에 대해 갖게 되는 욕망을 모방하고자 하는 욕망이 아들에게 본능적으로 나타나게 되는데, 그 욕망은 아버지에 의해 제지를 당하게 되고 결국 아들이 아버지를 죽이는 폭력이 발생하게 되었다는 것이다. 특히 지라르는 그가 짝패라고 지칭한 형제나 쌍둥이, 근친 사이에서는 경쟁관계로 인해 모방본능이 더 강렬하게 발동하게 되고, 결국 질투와 원한, 선망 등으로 인해 폭력이 발생하게 된다는 점을 강조하고 있다.

바로 그러한 욕망을 채우고자 하는 충동에 의해 계속 폭력이 발생하지 않도록 하면서도 폭력에의 욕구를 충족하도록 하기 위한 사회적 제도가 희생제의라는 것이다. 말하자면, 인간은 본능적으로 모방의 욕망이 있고, 그 욕망을 충족하고자 폭력을 사용하려는 욕구가 생기며, 일단 폭력이 발생하면 계속 악순환되어 확대될 수밖에 없다는 것이다. 그럴 경우 사회 전체가 와해될 수 있는 위협에 빠지게 되는데, 그 폭력의 욕구를 희생제물에게 돌림으로써 폭력의 욕구를 충족하는 동시에 사회의 안정과 보존을 꾀했다는 것이 지라르의 주장이다.

지라르의 견해에는 사회와 종교에 대한 몇 가지 기본적 입장이 깔려 있다. 그는 폭력은 폭력에 의해서만 없앨 수 있다고 보았다. 폭력에의 욕구는 어떤 사람을 모방하려는 경쟁 상태에서 생겨나는데, 그 자체가 본능적이기 때문에 폭력의 발생은 피할 수 없고, 일단 폭력이 발생하면 연속적이고 확대된다는 것이다. 말하자면 폭력의 확대 재생산이 이루어질 수밖에 없다는 것이 그의 입장이다. 그렇기 때문에 폭력에의 욕구를 충족하도록 폭력을 허용해주되 그 확대 재생산을 막는 장치가 필요한데, 그것이 바로 희생제의라는 것이다.

희생제의에서 폭력에의 욕구를 충족하면서도 계속된 폭력을 막기 위해서는 어떤 것을 희생제물로 삼는가 하는 점이 중요하다. 지라르는 희생제물이 인간의 대체(代替)라고 보았고, 희생제물에 대한 폭력은 실제로 인간에 대한 폭력의 의미를 지녔다고 보았다. 그래서 희생제물은 인간과 유사성이 있어야 하는 동시에 완전히 분리되어야 한다. 희생제물로 사용된 동물들은 인간의 생존에서 매우 중요한 위치에 있는 것이며, 그것들에 대한 폭력은 인간에 대한 폭력과 같은 유혈이 낭자한 상황을 이루게 되며, 제의적으로 인간을 대신한다는 의미가 부여된다. 그렇지만 동물은 인간에게 복수의 폭력을 행사하지 않는다. 인간이 희생제물이 될 경우에는 전쟁포로와 노예 등, 복수의 위협이 없는 대상이 선정되거나 집단의 구성원으로 인정되지 못하는 어린애와 미혼자 등이 주로 그 대상이 된다. 어떤 경우에든 폭력을 당한 대상이 복수할 수 없다는 것이 희생제물의 특징이다. 지라르는 이러한 희생제의를 통해 폭력을 예방하기도 하고 중지시키기도 한다고 본 것이다.

그런데 지라르는 희생제의가 성립되기 위해서는 희생제물에 대한 폭력은 폭력이 아니라고 '속여야 한다'고 보았고, 결국 희생제물에 대한 폭력을 '좋은 폭력'으로 차별화하는 것이 희생제의를 성스러운 것으로 여기는 종교적 신앙심이라고 이해했다. 말하자면, 종교적 신앙을 갖고 있는 사람들은 희생제의를 드리면서 그 행위를 성스러운 것으로 받아들이며, 희생제물에 대한 폭력은 폭력이 아니라고, 아니 이로운 폭력이라고 속고 있다는 것이다. 그래서 폭력에의 욕구를 희생제물에 대한 폭력으로 해소하면서도 폭력을 행사하고 있다는 죄책감을 갖지 않을 수 있고, 사회 전체는 폭력의 확산으로 인한 위기에서 벗어날 수 있다는 것이 그의 주장이다.

희생제의에 대한 지라르의 견해는, 희생제의에서 제물에 폭력을 가하는 이유를 잘 설명하고 있다. 제물에 대한 폭력으로 폭력 욕구를 해소한다는 것이다. 더 나아가 희생제의가 보편적 현상이라는 것도 그의 견해를 통해 이해할 수 있다. 곧 인간의 폭력 욕망은 본능적이기 때문에 보편적일 수밖에 없다는 것이다.

또한 종교 의례로서의 희생제의의 의미도 그의 설명을 통해 어느 정도 파악할 수 있다. 그에 의하면, 희생제의에서의 폭력을 폭력 욕망에 의한 폭력과 차별할 수 있는 것이 바로 그 성스러움인 것이다.

그런데 지라르가 충분히 설명하지 못한 부분이 있다. 곧 희생제의가 그것을 매우 중요하게 여기고 실행했던 사회에서 오히려 신랄하게 비판되었던 사실에 대한 그의 설명은 충분치 못하다. 그는 희생제의에서의 폭력과 인간 사이에서 나타나는 범죄적 폭력이 차별화되지 않음으로써 폭력을 극복하는 데 실패하게 되었고, 결국 희생제의가 무용하다는 비판을 받게 되었다고 보았다. 그러나 중요한 점은 희생제의에 대한 비판보다는 그 대신 강조된 것이 무엇인가에 있다고 본다. 고대의 여러 문화에서 희생제의는 매우 보편적이었지만 그에 대한 비판도 함께 나타나고 있으며 항상 그 대신의 윤리적 덕목을 강조하고 있다. 고대 이스라엘의 예언자들은 희생제의의 무용함을 강변했고 그 대신 사랑, 정의, 자비 등의 윤리적 덕목의 실천을 역설했다. 인도의 희생제의에 대한 전면적 비판을 가하면서 새롭게 등장한 자이나교와 불교 등에서도 불살생과 비폭력을 강변했다.

따라서 희생제의가 불가능한 사회에서 그것이 지닌 기능이 어떤 것으로 대체되었는지도 더욱 분명히 설명될 수 있어야 한다고 본다. 지라르는 사법적 제재가 폭력을 억제하는 매우 강력한 수단이 되고 있음을 지적한다. 또한 『희생양』의 결론 부분에서 '용서'를 말하고 있지만 희생제의와 용서의 관계가 분명히 거론되지 못하고 있다. 사법적 제재와 용서와 같은 도덕적 덕목이 폭력을 억제할 수 있음은 주지의 사실이다. 그렇지만 희생제의가 법과 도덕으로 대체되었다는 것인가?

이에 대한 대답은 고대 이스라엘의 사례에서 찾을 수 있다고 본다. 고대 이스라엘에서는 앞서 언급했듯이 희생제의가 가장 중요한 종교 의례였다. 그러다가 예언자들이 희생제의를 전면적으로 비판하기 시작했고 그 대신 사랑과 정의, 자비, 화해와 같은 도덕적 덕목을 강조했다. 특히 대다수 이스라엘 사람들이 포로로 잡혀가 희생제의가 불가능한 상황에서는 자기희생이 거론되고 있다. 말하자면, 스스로 희생제물이 되길 자처하는 사람들, 곧 자기희생(self sacrifice)을 감행한 사람들에 대한 강조가 나타나고 있다. 이 점이 규명되어야 희생제의가 실행되지 않는 현대 사회에서의 그 의미를 이해할 수 있을 것이다.

이제 고대 이스라엘과 기독교에서의 구체적인 사례를 통해 다시 한번 폭력과 희생제의의 관계를 살펴보고, 더 나아가 희생제의에 대한 비판과 자기희생, 그리고 그 윤리적 의미를 천착하고자 한다.

희생제의와 폭력의 상관성
: 고대 이스라엘을 중심으로

희생제의의 기원과 기능에 관한 이론들이 어떤 합의된 결론에 이르지는 못했지만, 희생제의가 단편적인 이론이나 가설로서 설명될 수 없는 매우 복합적이고 다양한 의미를 지닌 의례였다는 점은 분명히 밝혀졌다. 더 나아가 최근의 이론들에서 집중적으로 조명하고 있듯이 희생제의가 폭력을 극복하기 위한 사회적 장치라는 점도 주목받고 있다. 그러한 점이 보다 구체적으로 설명될 수 있다면 오늘날의 사회적 현상의 이해에도 도움이 될 수 있을 것이다. 비록 오늘날 희생제의가 거의 사라졌지만 폭력을 극복했던 희생제의의 역할에서 폭력의 근본적 속성을 이해할 수 있을 뿐만 아니라 희생제의가 사라지는 과정을 분석함으로써 그 역할이 어떤 사회적 장치로 전환되었는지를 살피게 되면 오늘의 폭력 문제를 해결하는 데에도 많은 시사점을 얻을 수 있을 것이기 때문이다.

특히 최근에는 희생제의에 나타나는 폭력성에 초점을 맞추면서 희생제의를 재해석하고 있다. 희생제의를 거행하면서 엄청난 폭력이 행사되고 있지만 오히려 그러한 폭력이 폭력을 예방하고 최소화하기 위한 방책이라는 분석은 폭력을 통한 폭력의 극복이라는 역설적 의미를 드러내고 있다. 이러한 점에서 희생제의는 폭력을 극복하기 위한 사회윤리적 의미를 지녔다고 할 수 있을 것이다. 또한 희생제의에 대한 비판에서 윤리적 덕목이 강조되었고, 희생제의가 불가능한 상황에서 그 의미가 윤리적 덕목으로 해석되었다는 점에 주안을 두고 희생제의가 지닌 사회윤리적 의미를 고찰하고자 한다.

최근의 논의가 주로 고대 이스라엘의 희생제의와 그후의 변천을 중심으로 진행되고 있기 때문에 일단 그것들을 사례로 하여 살펴본다.

희생제의의 정황과 실행

희생제의가 지닌 사회윤리적 의미를 찾기 위해서는 어떤 사회적 정황에서 희생제의가 드려졌는지를 살피는 것이 필요하다. 모든 종교 의례들과 마찬가지로 희생제의도 그것이 실행된 구체적인 역사적 상황을 반영하고 있기 때문이다.

종교의 기능을 탐구했던 많은 종교학자들, 특히 종교인류학

자들이 종교의 잠재적 기능이라고 지칭한 것도 그러한 사회적
정황에서 종교의 의미를 추구한 것이다. 그것은 희생제의를
드리는 사람들이 밝힌 의미보다는 더 심층적이고 객관적으로
그 의미를 찾고자 하는 학문적 시도라고 할 수 있다.

최근의 논의에서 강조되고 있듯이, 희생제의가 폭력의 확대
를 막고 폭력으로 인한 사회적 위기를 극복하기 위한 장치였
다는 점에서 볼 때 희생제의는 바로 그러한 폭력이 발생할 수
밖에 없는 상황이나 이미 발생한 상황에서 드려졌다고 볼 수
있다. 구약성서에서 볼 수 있는 희생제의의 사례는 그러한 사
실을 분명히 보여준다.

고대 이스라엘에서 희생제의가 드려진 예를 구약성서의 기록
에서 정리하면 대략 다섯 가지로 구분할 수 있다. 첫째는 사회
구성원들 사이에서 이해관계나 종교적 신념의 차이로 인한 갈
등의 시기에 희생제의가 드려졌다. 예를 들면 창세기 4장에 나
오는 카인과 아벨의 희생제의는 쌍둥이 형제 사이의 갈등을 보
여준다. 지라르는 형제, 특히 쌍둥이 사이에서는 항상 경쟁관계
가 형성되기 때문에 갈등이 생겨날 수밖에 없고 폭력이 발생되
기 마련이라는 점을 지적하고 있는데, 아벨은 동물을 희생제물
로 바치면서 폭력에의 욕구를 해소할 수 있었지만 카인은 농산
물을 제물로 바쳤기 때문에 그 욕구를 해소하지 못하고 결국에
는 동생을 살해하는 것으로 귀착될 수밖에 없었다는 것이다.[25]

가장 기본적인 사회구성단위인 부부 사이의 갈등과 폭력
유발을 희생제의로 해결하는 예는 구약성서의 「민수기」(5 : 11

-14)에서 찾을 수 있다. 동서고금을 막론하고 부부 사이 갈등의 가장 주된 이유는 배우자의 부정에서 찾을 수 있는데, 이 성서 구절에서는 두 사례가 나온다. 하나는 자기 아내가 외간 남자와 몰래 잠자리를 같이 하여 몸을 더럽히고도 숨기고 있는데 증인이 없거나 현장에서 붙들리지 않을 때이다. 다른 하나는 의처증으로 질투심에 사로잡힐 때이다. 이 두 경우는 가부장적인 정황이기는 하나 부부 사이 갈등의 단적인 예라고 할 수 있다. 이러한 갈등의 시기에 희생제의가 드려졌던 것이다.

둘째로 자연재해의 시기에 희생제의가 드려졌다. 홍수는 예나 지금이나 대표적인 자연재해로서 불가피한 상황이기는 하나 그 피해가 광범위하고 심대하기 때문에 곧바로 사회적 위기가 초래되는데, 바로 그러한 상황에서 희생제의가 드려졌다. 홍수 후에 노아가 번제를 드린 기록(「창세기」 8 : 20-22)은 홍수로 인한 사회적 위기의 극복과 폭력 발생의 방지로 이해할 수 있다. 또한 기근이 심할 때와 전염병이 돌 때에도 예외 없이 희생제의가 드려졌다. 가뭄이 심하여 기근이 들 때에는 생존의 위협이 고조되고, 그만큼 사회적 위기가 팽배해지면서 폭력이 발생하기 쉽다. 전염병이 확산될 때에도 위기의식이 만연되고 사람들이 난폭해지면서 폭력이 발생하기 마련이다.[26] 바로 이러한 때에 희생제의가 어김없이 거행되었던 것이다.

셋째는 전쟁을 전후한 시기에 드려진 희생제의다. 주지하다시피 전쟁 전후에는, 최근의 미국과 이라크 전쟁 위기에서처럼, 경제 활동이 위축되고 사회적 불안이 고조되면서 생존의 위협이 현실적인 문제가 된다. 전쟁으로 인한 살상의 가능성과 경제적 손실의 예상은 심리적 불안을 가중시키는 주된 이유가 될 수 있다. 뿐만 아니라 전쟁을 치르는 쌍방은 불가피한 피해를 입게 되고, 그로 인한 상실감은 사회적 위기를 최고조에 이르게 한다. 전쟁이 예고되는 상황과 전쟁이 진행되는 과정, 그리고 전쟁 후에도 줄곧 사회적 불안과 위기, 갈등이 팽배할 수밖에 없다. 이러한 상황에서 폭력의 발생은 자명하다. 그리고 바로 그러한 시기에 희생제의가 거행되었고, 그것은 폭력에의 욕구를 해소하고 드러난 폭력을 억제하는 의미를 지니게 되는 것이다.

구약성서에서는 첫째와 셋째의 중복되는 상황이 많이 언급되고 있다. 홍수와 기근 혹은 전염병과 같은 자연재해와 인위적 재해라고 할 수 있는 전쟁이 복합되면 더욱 심각한 폭력적 상황이 전개될 수밖에 없다. 바로 그런 상황에서 희생제의가 드려진다는 것이다. 예를 들면 구약성서의 「사무엘하」 24장에는 전쟁을 위한 병적 조사가 실시되자 괴질이 발생하고, 번제와 친교제와 같은 희생제의를 드림으로써 괴질이 없어졌다고 되어 있는데, 이를 희생제의와 폭력의 관계로 정리하면 다음의 도표와 같다.

도표에서 볼 수 있듯이, 병적 조사는 전쟁을 하겠다는 신호이다. 전쟁에 내보낼 군사를 모으기 위해서는 먼저 병적 조사를 해야 했기 때문이다. 그래서 병적 조사가 이루어지면 그 자

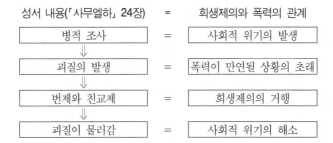

성서 내용(「사무엘하」 24장)	=	희생제의와 폭력의 관계
병적 조사	=	사회적 위기의 발생
⇓		
괴질의 발생	=	폭력이 만연될 상황의 초래
⇓		
번제와 친교제	=	희생제의의 거행
⇓		
괴질이 물러감	=	사회적 위기의 해소

체로 사회적 위기가 고조될 수 있다. 구약성서에서는 괴질의
번짐을 신의 징벌로 설명하고 있지만 전염병의 발생은 그 위
기를 한층 더 높일 수 있고 그만큼 폭력이 발생할 가능성도
커진다. 바로 그러한 시기에 번제와 친교제와 같은 희생제의
가 거행되고, 그 결과는 괴질이 물러간 것으로 설명되고 있다.
괴질이 없어진 것은 사회적 위기가 해소된 것이다. 곧 폭력이
발생할 수 있는 정황이 해소된 것이다.

　넷째는 신의 심판이나 인간에 대한 시험이 희생제의의 배
경으로 등장하는 경우이다. 구약성서의 대표적인 예로는 아브
라함이 아들인 이삭을 희생 제물로 삼으려 했던 것을 들 수
있다. 구약성서에서 아브라함에 대한 신의 시험으로 설명되는
이 기록은, 고향을 떠나 낯선 곳에서 생활해야 했던 아브라함
의 삶의 자리를 통해 해석될 수 있다. 아브라함은 신의 명령에
따라 고향을 버리고 가나안 땅에 정착을 했는데, 가나안 사람
들은 첫 아기를 신에게 제물로 바치는 풍습을 갖고 있었다. 비
록 백 살에 얻은 아들이지만 아브라함은 그 풍습을 따를 수밖

에 없는 상황에 있었고, 마침내 자기 자식을 제물로 드리기로 결정했던 것이다. 그리고 그것이 실제로는 숫양을 죽여 불사르는 희생제의로 귀결되었다고 볼 수 있다.[27]

고대 이스라엘에서 신의 심판은 주로 다른 신에 대한 숭배로 말미암은 것이기 때문에 쉽게 사회적 갈등 상황을 추측할 수 있다. 한 공동체 내에서 두 신을 섬기는 것은 무엇보다 심각한 갈등의 소지가 될 수 있고, 그 갈등으로 인해 폭력이 발생할 가능성이 크기 때문이다. 특히 고대 이스라엘에서 오직 유일신 야훼만을 섬기라는 것이 강조되었기 때문에 다른 신에 대한 숭배는 가장 큰 사회적 갈등과 위기의 원인이 될 수 있었다. 이러한 때에는 어김없이 희생제의가 드려졌던 것이다.

구약성서에는 다른 신에 대한 숭배로 인한 신의 심판이 자주 거론되고 있다. 대표적인 예로 「열왕기상」 17-18장에 나오는 야훼와 이방신인 바알의 대결을 들 수 있다. 특히 여기서는 이방신을 신앙한 것에 대한 심판이 사회적 위기의 대명사라고 할 수 있는 가뭄으로 나타나 더욱 극적으로 묘사되어 있다. 곧 다른 신을 섬기는 죄가 가뭄과 같은 자연재해로 나타난 것으로 설명되고 있다. 이를 희생제의와 폭력의 관계로 도식화하면 다음과 같다.

도표에서 볼 수 있듯이 자연재해로서의 가뭄이 들어 이미 사회적 위기가 발생했음을 암시하고 있는데, 바로 그러한 상황에서 다시 바알이라는 이방신과 야훼의 대결 국면이 나타난다. 이는 폭력이 더욱 극심할 수밖에 없는 상황을 드러낸다.

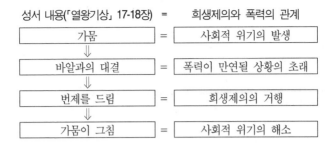

성서 내용(「열왕기상」 17-18장)	=	희생제의와 폭력의 관계
가뭄	=	사회적 위기의 발생
⇓		
바알과의 대결	=	폭력이 만연될 상황의 초래
⇓		
번제를 드림	=	희생제의의 거행
⇓		
가뭄이 그침	=	사회적 위기의 해소

바로 그러한 시점에서 희생제의가 거행되고 이방신과의 대결에서 승리했는데, 그 결과는 가뭄이 그쳐 사회적 위기가 해소된 것이다.

끝으로 희생제의는 계약을 배경으로 한다. 신과 인간 사이의 계약이든 인간과 인간 혹은 한 공동체와 다른 공동체의 계약이든 간에 통상적으로 계약은 새로운 의무를 낳게 된다. 「출애굽기」에는 모세가 신으로부터 십계명을 받고 희생제의를 드린 기록이 나온다. 모세가 받는 십계명은 이스라엘 사람들이 지켜야 하는 계율이며, 그것을 지키기 위해서는 기존의 관행을 포기해야 하는 경우도 있을 것이며 재산상의 손해를 봐야 하는 경우도 생길 수 있다. 그렇기 때문에 새로운 계명의 선포는 사회적으로 갈등의 소지를 안고 있으며, 그러한 시점에서 희생제의가 드려진 것이다.

대략 다섯 가지로 구분한 희생제의의 정황은 성서의 기록상 중첩되는 경우가 많았다. 그리고 연속적으로 그 정황이 전개되기도 했다. 그렇지만, 그 다섯 가지 정황은 모두 폭력이 발생할 수 있는 정황이라는 점에서 공통점이 있다. 또한 그러한 정황들에서 희생제의를 거행함으로써 폭력이 발생될 수밖에 없는 위기 상황을 극복한 것으로 설명되는 점에서도 공통점이 있다.

이러한 공통점은 희생제의가 폭력의 극복과 밀접히 연관되어 있다는 사실을 말해 준다고 본다. 적어도 고대 이스라엘에서 희생제의는 폭력이 발생하게 되는 상황에서 거행되었고, 그 결과는 폭력의 극복이라는 것이다.

그런데 기원전 8세기부터 본격적으로 활동하기 시작한 예언자들 중에는 당대의 희생제의를 전면적으로 부정하고 비판하는 사람들이 나타나기 시작했다. 그렇다면 이러한 예언자들은 폭력의 발생을 용인해야 한다는 것이었는가? 아니면 희생제의가 더 이상 폭력을 극복하는 역할을 하지 못하게 되었다는 것인가? 그렇지 않으면 또 다른 이유가 있는가? 그 이유를 살펴보면 희생제의와 폭력의 관계를 더욱 분명히 밝힐 수 있을 것이다.

희생제의에 대한 비판

앞에서 언급했듯이, 고대 이스라엘에서 희생제의는 가장 중시된 종교 의례였고 신에 의해 그 절차와 내용이 규정된 것이었다. 그런데 고대 이스라엘의 예언자들은 대부분 신이 희생제의를 더 이상 원하지 않는다는 주장을 펴고 있다. 구약성서에 나오는 대표적인 구절을 보자.

너희가 바치는 번제물과 곡식제물이 나는 조금도 달갑지
않다. 친교 제물로 바치는 살진 제물은 보기도 싫다.

(「아모스」 5 : 22, 공동번역)

　즐겨 제물을 잡아 바치고 그 고기를 먹지만 이 야훼는 그
것이 하나도 달갑지 않다.

(「호세아」 8 : 13, 공동번역)

　무엇하러 이 많은 제물들을 나에게 바치느냐. 나 이제 숫
양의 번제물에는 물렸고 살진 짐승의 기름기에는 지쳤다.
황소와 어린 양과 숫염소의 피는 보기도 싫다.

(「이사야」 1 : 11, 공동번역)

　신의 말로 전해진 이러한 신탁(神託)들은 당대의 대표적인
희생제의를 전면 부정하는 내용이다. 희생제의의 대상인 신이
더 이상 희생제물을 받지 않겠다는 것이다.

　그런데 희생제의에 대한 예언자들의 비판은 예외 없이 폭
력이 만연된 당시의 사회적 상황에 대한 고발과 연계되어 있
다. 폭력이 난무하고 있는 상황임에도 불구하고 희생제의를
거행하지 말라는 것이다. 말하자면 희생제의로 더 이상 폭력
을 극복할 수 없는 상황이 되었다는 것이다.

　고대 이스라엘의 대표적인 예언자들 중 한 사람인 아모스
는 당시 이스라엘 사람들의 죄를 열거하고, 그러한 죄를 저지
르며 드리는 희생제의는 아무런 소용이 없다는 점을 강조하고
있다. 예컨대 죄 없는 사람들을 빚돈에 종으로 팔아넘기고(「아

모스」2 : 6), 힘없고 가난한 자를 짓밟은 죄(4 : 1, 8 : 4), 저당물로 잡은 겉옷을 제단 옆에 펴놓고 그 위에 뒹굴며 벌금으로 받은 술을 신당에서 마시는 죄(2 : 8), 성문 앞에서 시비를 올바로 가리는 사람을 미워하고 바른 말 하는 사람을 싫어한 죄(5 : 7) 등, 아모스 당시의 부자들의 비리를 거론하며 그런 상황에서 드리는 희생제의는 쓸데없다고 말하고 있다. 아모스가 언급한 죄는 사실상 구체적인 범죄라기보다는 부자들의 전횡과 그것이 용납되는 사회적 분위기라고 할 수 있다. 그렇기 때문에 아모스는 부자들의 사치와 향락에 대해서도 신랄한 비난을 가하고 있다.

> 상아침상에서 뒹굴고
> 보료 위에서 기지개를 켜며
> 양 떼 가운데서 양 새끼를 골라 잡아먹고
> 외양간에서 송아지를 잡아먹는 것들……
> 몸에는 값비싼 향수를 바르고
> 술은 대접으로 퍼마시고……
>
> (「아모스」6 : 4-6, 공동번역)

이러한 사치스럽고 향락적인 생활을 하면서 드리는 희생제의는 신이 원치 않는다는 것이다. 사회구조적으로 사회적 불평등이 심화되고 그러한 상황이 개선될 수 있는 여지가 없을 때 사회적 위기가 고조되며 폭력의 발생 가능성이 높아지게 되는데, 바로 그러한 상황에서 드려지는 희생제의는 폭력의 발생을 제한할 수 있지만 사회의 구조적 모순은 개선할 수 없다. 이런 점에서 아모스의 고발 대상은 사회구조적인 폭력이라고 할 수 있다.

아모스가 예언자로서 활동하던 시기가 정치적으로 안정되어 있고 경제적으로 크게 번성하던 왕조 시대였다는 사실을 감안하면, 예리하게도 그는 희생제의가 폭력을 잠재우기는커녕 오히려 역기능을 보았다고 할 수 있는 것이다. 사회의 구조적 모순에 대한 사람들의 반발과 폭력의 발생을 희생제의에 대한 폭력으로 무마하기 위해 더 많은 희생제의를 드렸던 당시 권력자들에 대한 아모스 예언자의 비판으로 볼 수 있다는 것이다.

반면 호세아가 예언하던 시기는 왕국의 쇠퇴기였으며 정치적으로 극도의 혼란이 초래되고 폭력이 난무하던 시대였다. 살인과 강도, 강간과 간음, 유혈참극 등 온갖 종류의 폭력이 횡행하던 시기에 호세아는 희생제의를 거부한 것이다. 아래의 두 인용문은 당시의 폭력적 상황과 희생제의 거부를 선언한 호세아의 대표적 구절이다.

> 맹세하고도 지키지 않고
> 살인과 강도질은 꼬리를 물고
> 가는 데마다 간음과 강간이요
> 유혈참극이 그치지 않는다.
>
> (「호세아」 4 : 2, 공동번역)

너 이스라엘아 속죄제를 바칠 생각도 말라.

너 유다야 길갈로 갈 생각도 말고,

베다웬으로 올라갈 생각도 말라.

'야훼께서 살아계신다'고 하며 맹세하지도 말라.

(「호세아」 4 : 15, 공동번역)

  첫째 인용문은 사회 전체에서 폭력이 난무하고 있는 실상을 기록한 것이며 둘째 인용문은 그러한 상황에서 희생제의를 드리지 말라는 내용이다. 길갈과 베다웬은 희생제의를 드리는 장소가 있는 곳이며, 그곳들로 갈 생각을 말라는 것은 희생제의를 드리지 말라는 강력한 메시지이다.

  특히 호세아는 이스라엘 공동체의 구심점이었던 유일신 야훼에 대한 신앙이 퇴조하고 다른 신인 바알이 숭배되는 상황을 고발하면서 희생제의가 더 이상 소용이 없다는 점을 강조하고 있다. 야훼 이외의 신에 대한 숭배가 이스라엘 공동체를 분열시키고 있는 상황에서 야훼에게 드리는 희생제의로는 폭력의 극복이 불가능하게 되었다고 본 것이다.

  따라서 호세아의 희생제의 비판은 그 어떤 희생제의로도 극복할 수 없을 정도의 엄청난 폭력을 문제삼은 것으로 볼 수 있다. 희생제의가 폭력을 극복할 수 있지만 그것도 한계가 있다는 것을 말하고 있는 것이다.

  예언자 이사야가 희생제의를 비판한 것도 아모스와 호세아의 비판과 크게 다르지 않다. 그는 당시 총체적인 사회적 위기를 지적하고 있다. 살인과 강도와 같은 노골적인 폭력이 자행되고, 이웃과 형제, 노소 간에 심각한 갈등이 초래되고 있을 뿐만 아니라 부정과 부패, 매직, 향락 등으로 사회 전체가 더 이상의 존립이 힘들 만큼 엄청난 구조적 폭력이 만연하는 가운데 이교 신앙마저 난무하고 있다는 사실을 언급하면서, 그런 상황에서 드리는 희생제의는 무용할 수밖에 없음을 강변하고 있다. 아래의 인용문들은 그 대표적인 것이다.

> 더 이상 헛된 제물을 가져오지 말아라.
> 이제 제물 타는 냄새에도 구역질이 난다.
> 초하루와 안식일과 축제의 마감 날에 모여서 하는 헛된 짓을 나는 더 이상 견딜 수 없다.
> 너희가 지키는 초하루 행사와 축제들이 나는 정말로 싫다. 귀찮다. 이제는 참지 못하겠구나.
>
> (「이사야」 1 : 13-14, 공동번역)

> ……너희의 몸은 피투성이, 몸을 씻어 정결케 하여라. 내 앞에서 악한 행실을 버려라. 깨끗이 악에서 손을 떼어라……
>
> (「이사야」 1 : 15-16, 공동번역)

> 어쩌다가 성실하던 마을이 창녀가 되었는가!
> 법이 살아있고 정의가 깃들이던 곳이 살인자의 천지가 되었구나!
>
> (「이사야」 1 : 21, 공동번역)

이러한 인용문들과 유사한 구절들이 「이사야서」에서 반복적으로 나타나고 있다. 예언자 이사야는 모든 희생제의를 신의 이름으로 거부하고 있으며, 그 이유를 폭력의 만연으로 지적하고 있는 것이다.

예레미야와 에제키엘 등 포로기 전후의 예언자들도 기원전 8세기의 예언자들과 같은 논조로 희생제의를 비판하고 있다. 예레미야는 문란한 성생활, 불공정한 재판, 불법적인 살인과 살상, 불신 풍조, 부정 축재와 사기 등 사회 전체가 붕괴될 수밖에 없는 극도의 위기 상황을 거론하면서 희생제의를 비판했다. 오히려 그는 더 심각한 폭력적 상황이 될 수 있는 전쟁과 기근과 재앙이 내려질 것을 예언했다.

……너의 자식들은 나를 저버리고, 신 아닌 것을 걸어 맹세하였다.

배불리 먹여 놓았더니, 간음이나 하고, 창녀 집에나 몰려 다니는구나.

(「예레미야」 5 : 7, 공동번역)

단식하며 아우성을 친다마는 나는 그 소리를 들어주지 않겠다. 번제물과 곡식예물을 바친다마는 받아 주지 않겠다. 나는 도리어 적을 끌어들이고 기근과 염병을 내려 이 백성을 모조리 죽이리라……

(「예레미야」 14 : 12, 공동번역)

에제키엘도 계약의 파기와 살인, 강도, 살상 등 폭력의 만연을 거론하고 전염병, 기근, 전쟁, 추방 등, 실제로 희생제의가 드려질 상황에서조차 희생제의가 무용하다는 것을 강조했다.

그들은 높은 언덕마다, 잎이 무성한 나무마다 찾아가 짐승을 잡아 제물을 바치고 예물을 바쳐 내 속을 썩였다……
그래서 나는 왜 산당에 찾아가느냐고 야단쳤던 것이다.

（「에제키엘」 20 : 28-29, 공동번역)

너는 죄 없는 피를 흘려 벌을 자청하고 제 손으로 우상을 만들어 부정해졌다……보아라. 이스라엘의 수령들은 마구 팔을 휘둘러 저희끼리 피 흘리기를 일삼고 있다. 너희들은 부모를 업신여기고 너희에게 와서 몸 붙여 사는 떠돌이를 학대하며 고아와 과부를 괴롭히고 있다.

（「에제키엘」 22 : 2-7, 공동번역)

이와 같이 희생제의가 나라 여러 곳에서 끊임없이 거행되었지만 오히려 신의 노여움만 사는 결과를 초래했는데, 가장 주요한 이유는 다른 신들에 대한 숭배와 갖가지 폭력의 발생이라는 것이 예언자 에제키엘의 주장이었다.

요컨대 아모스, 호세아, 이사야, 예레미야, 에제키엘 등 대부분의 고대 이스라엘의 예언자들은 당대의 희생제의를 전면적으로 비판하고 있다. 희생제의가 도처에서 빈번히 거행되고 있음에도 불구하고 폭력이 난무하는 것은 희생제의가 그 역할을 제대로 담당하고 있지 못하다는 것이다. 말하자면 희생제의가 더 이상 폭력을 예방하거나 제어할 수 없는 상황이 되었음을 뜻한다.

그런데, 뒤에서 좀더 자세히 설명하게 될 것이지만, 희생제의를 비판한 예언자들은 희생제의 대신에 사랑과 정의, 평화, 공평 등의 사회윤리적 도덕의 회복을 강조했고, 더 나아가 다른 사람들을 위한 자기희생을 제시하기도 했다. 곧 희생제의를 사회윤리적 덕목으로 대치하고자 했던 것이다. 이러한 사실은 원래 희생제의가 사회적 폭력의 극복이라는 사회윤리적 역할을 했다는 반증이 되기도 한다. 다만 앞서 거론한 예언자들의 시대에 그 역할을 제대로 할 수 없었다는 것이다. 이는 마치 어떤 병에 효용이 있던 약을 자주 복용하여 내성이 생기면 그 효과가 떨어지게 되며 새로운 처방과 약이 필요하듯이, 이제 희생제의라는 약으로는 폭력이라는 병을 치유할 수 없게 되었다는 것이 예언자들의 주장이었던 것이다.

따라서 이제 희생제의가 어떻게 폭력을 극복할 수 있었으며, 어떤 과정을 통해 그러한 기능이 상실되면서 예언자들의 비판의 대상이 되었는지를 살펴봄으로써 희생제의가 지닌 사회윤리적 의미를 찾아보고자 한다.

희생제의의 사회윤리적 의미

희생제의가 사회윤리적 의미를 지녔다고 하는 것은, 그것의 무용을 강조한 예언자들이 희생제의 대신에 윤리적 덕목을 제시한 것에서 알 수 있다. 희생제의가 폭력을 예방하고 극복하는 역할을 담당했지만, 그 역할을 담당할 수 없을 때는 비판의 대상이 되었고, 그 대신 구체적인 윤리적 규범의 실천이 강조되었던 것이다.

이러한 희생제의의 사회윤리적 의미를 분석하기 위해 우선적으로 희생제의가 어떤 절차에 따라 거행되는지를 분석할 필요가 있다. 고대 이스라엘의 희생제의는 대표적 종교의례로서 엄격한 절차와 과정에 따라 진행되었으며 구조화된 방식으로 실시되었다. 곧 제물을 선정하고 선정된 제물을 바치며, 바쳐진 제물을 처리하는 세 단계로 희생제의가 거행되는데, 첫째와 둘째 단계는 제물을 바치는 사람이 주도적이 되며, 셋째 단계는 사제가 주관한다. 그런데 처음 두 단계가 진행되면서 제물과 바치는 사람이 동일시되며 결국 바치는 사람이 자기 자신을 제물로 바치는 것이 되는데, 여기에 이른바 대체의 메커니즘이 적용된다. 곧 다른 사람에게 가해질 폭력을 자기 자신인 희생제물에게 가함으로써 사회적 폭력을 방지하는 메커니즘이 작동하게 된다. 따라서 이러한 메커니즘에 대한 분석을 통해 그 사회윤리적 의미를 찾을 수 있다.

또한 사제들이 희생제물을 처리하는 과정도 제물을 바친 사람의 사회적 신분을 고려하게 됨으로써 사회윤리적 의미를 담지하게 되는 바, 그 과정을 자세히 살펴보고자 한다.

대리 희생의 메커니즘

희생제의가 지닌 사회윤리적 의미를 이해하기 위해서는 희생제의의 절차와 과정을 중심으로 그 메커니즘을 살펴볼 필요가 있다. 메커니즘이라는 말이 다양하게 쓰이고 있지만,[28] 사회학적으로는 한 사회가 그 통합성을 유지하기 위해 자율적으로 이루어지는 사회구조적 대응현상을 뜻하며, 희생제의를 바로 그러한 현상의 하나로 볼 수 있다. 곧 희생제의는 폭력으로 인한 사회의 붕괴나 통합성의 상실을 극복하기 위한 사회의 자율적 대응현상인 것이다. 그런데 그러한 대부분의 원시 및 고대 사회에서는 종교적 신앙을 통해서 자율적 대응이 이룩된다. 한 사회 공동체가 공동의 신앙을 바탕으로 사회를 유지하고 통합하는 힘을 발휘하게 되는 것이며, 희생제의라고 하는 종교 의례가 그 대표적인 예라고 할 수 있는 것이다.

따라서 희생제의는 그 메커니즘에 의해 정해진 규정과 절차에 따라 진행되고, 그 과정에서 희생제의가 지닌 사회윤리적 의미가 발견된다. 희생제의의 과정에서 가장 우선적으로 진행되는 절차는 제물을 선정하는 것이다. 바로 이 과정에서 대체의 메커니즘(the mechanism of substitution)이 적용되는데, 곧 제물이 그것을 바치는 자(인간)를 대체하는 것이다. 고대 이스라엘에서 제물에 손을 얹는 행위를 하는 것이 그 예이며, 실제로 아브라함이 아들인 이삭 대신에 숫양을 제물로 바친 것(「창세기」 22장)은 이러한 대체의 메커니즘을 잘 보여주는 것이다. 희생제물을 드리는 자는 결국 이러한 메커니즘을 통해 자기 자신을 제물로 바치는 것이다.

인간을 제물로 바치는 희생제의(human sacrifice)는 일종의 대리 인간에 대한 폭력의 의례화라고 할 수 있는데, 인간을 희생제물로 삼을 때에는 항상 그 보복에 의한 폭력의 악순환과 확대가 문제될 수밖에 없고, 희생제물의 선정에는 그것을 방지하기 위한 노력이 있었다. 예를 들면, 한 사회의 구성원 전체가 만장일치로 인간 희생제물을 선정하는 것,[29] 포로나 노예 혹은 죄수를 희생제물로 하는 것, 부모가 자식을 바치는 것 등의 제한적인 방법만 사용되었다. 그렇지만 어떤 경우에든 인간을 희생제물로 바치게 될 때에는 보복의 위협에서 완전히 벗어나기 힘들고, 점차 동물 희생제의가 보편화되었다.

희생제물을 자기 자신과 동일시하여 결국 자기 자신을 희생제물로 바친다는 것은 두 가지의 사회윤리적인 의미를 지닌다. 하나는 사회구성원의 폭력을 자신에게로 수용한다는 뜻이 있다. 사회적 위기와 갈등의 상황에서 폭력이 발생하게 되는데, 바로 그러한 시점에 사회의 구성원 중 한 사람이 다른 사람들의 폭력에의 욕구를 자신에게로 향하게 하는 것이다. 예를 들면, 가뭄과 홍수 혹은 전염병과 같은 괴질이 발생하게 되면 사회적 위기의식이 고조되고, 특히 그런 것들로 인해 피해를 받는 사람은 폭력의 충동이 생긴다. 그렇지만 피해를 준 자연현상에게 폭력을 돌릴 수는 없다. 결국 그 폭력에의 충동은 또 다른 대리 희생물을 찾게 된다. 지라르가 잘 지적했듯이 폭력의 충동은 그 대상이 도달할 수 없는 곳에 있으면 항상 대리 희생물(a surrogate victim)을 찾기 마련이다. 그러한 상황에서 어떤 사람이 자신을 대신한 동물에게로 사회 전체의 폭력의 충동을 수용함으로써 폭력의 악순환을 막는 것이다.

다른 하나는 자기 자신이 사회구성원에게 가할 수 있는 폭력의 충동을 스스로 해소하는 것이다. 폭력의 충동은 폭력을 통해서만 해소될 수 있는데 자신이 타인에게 가할 폭력을 자기 자신을 대신한 동물에게 가함으로써 역시 폭력의 악순환을 피할 수 있는 것이다. 이 점은 다음에 다루게 될 자기희생과 밀접히 연관된다. 스스로 희생하는 것은 타인에게로 향할 수 있는 폭력을 잠재우기도 하면서 동시에 폭력의 연쇄를 끊을 수 있는 방법이 되기도 하는 것이다.

그 다음의 과정은 희생제물을 드리는 것이다. 이미 지적했듯이 희생제물이 지닌 가치를 없애는 방법으로는 희생제물(주로 가축)을 죽이고 태우는 방식이 가장 보편적으로 사용되었다. 죽이는 방법은 다양했지만 대체로 피를 흘리는 방법이 많았는데, 고대 이스라엘의 경우에는 몸속에 있는 피를 모두 수거했기 때문에 목을 따는 방식이 적용되었고, 엄청난 피가 낭자한 모습이 전개될 수밖에 없었다. 그런데 중요한 점은 희생제물을 죽이는 임무가 대부분 그것을 드리는 자에게 주어졌다는 것이다. 말하자면 자기 자신을 대신하는 동물을 스스로 죽임으로써 자신이 죽은 것과 같은 의미를 지니게 된다는 것이다. 홍수나 가뭄, 전염병 등의 자연적 재해가 있을 때와 전쟁 전후에는 주로 왕이나 통치자 혹은 제사장이 희생제물을 드렸는데, 그러한 경우에는 그들이 사회 고위층으로서 일종의 도의적 책임을 진 것으로 볼 수 있다.

이러한 희생제물의 선정과 희생의 과정을 통해 폭력의 욕구를 수용하되 그 확산을 막고자 하는 희생제의의 역할이 분명히 드러나게 되며, 그것을 가능하게 하는 것이 바로 대리 희생의 메커니즘인 것이다.

예언자들의 희생제의에 대한 비판은 이러한 대리 희생의 메커니즘이 제대로 작동하지 못한 것에 기인한다. 희생제의가 거행되고 있음에도 불구하고 폭력이 난무하는 것은 희생제의가 폭력의 악순환을 제어하지 못했기 때문이다. 희생제물이 그것을

드리는 인간을 대신할 수 있어야 하고 스스로 희생한다는 의식
이 있어야 폭력을 수용할 수 있는데 그러한 대리 희생의 메커니
즘이 제대로 드러나지 못할 때 폭력은 극복할 수 없는 것이다.

사회적 신분과 희생제의 : 죄는 미워하되 사람은 미워해서는 안 된다

희생제물을 드린 이후의 절차는 대부분 사제들에 의해 진
행되는데, 바쳐진 희생제물을 처리하는 것이 주된 과정이다.
고대 이스라엘에서는 피의 처리가 중시되었고, 속죄(贖罪)를
위한 희생제의에서는 피가 '생명을 쏟아 죄를 벗는 제물'(「레
위기」 17 : 11)로 언급되고 있다. 곧 피가 생명으로 여겨졌던
것이다. 그런데 이러한 속죄의 희생제의에서 속죄가 가능한
죄로 언급된 것은 '실수'와 '부주의'에 의해 계명을 어긴 것에
국한되어 있다. 혹은 사소한 죄만이 희생제의를 통해 속죄될
수 있다.[30] 고의로 저지른 죄가 희생제의를 통해 속죄될 수 없
다고 본 것이다. 바로 이 점에서 희생제의가 지닌 사회윤리적
의미가 분명히 드러난다. 고의가 아닌 실수와 부주의로 인한
죄는 문제 삼을 수 있지만 그 행위자에 대해서는 희생제의를
통해 속죄의 길을 열어 준 것이다. 곧 그 죄로 인한 피해는 인
정하지만 고의가 아니었다는 점에서 행위자에게 직접 죄를 묻
지 않을 수 있도록 했다는 것이다.

실제로 고의적으로 저지른 범죄에 대해서는 그에 상응한
벌이 가해졌다. 고대 이스라엘에서 살인자는 살인에 처했고,

중대한 범죄자들에게는 사형과 추방과 같은 엄한 벌이 적용되었다. 사소한 범죄를 저지른 경우에도 그에 상응하는 벌이 가해졌고, 그 벌을 다 받은 다음에 희생제의가 드려졌다. 예컨대 다른 사람의 물건을 훔친 죄인에 대해서는 그 물건에 상응하는 보상과 더불어 가산금 5분의 1을 갚도록 했고, 그런 후에야 희생제의를 통해 속죄가 될 수 있다고 보았다.(「레위기」 5 : 20-26) 이것은 희생제의가 죄보다는 그 죄가 미치는 사회적 영향에 더 관심을 둔 종교 의례라는 단적인 증거라고 할 수 있다. 바로 이러한 이유에서 속죄의 대상이 되는 범죄 행위는 성소(聖所)를 더럽히게 된다고 보았고, 희생제물의 피는 성소에 뿌려져 성소를 정화하는 것으로 여겨졌다.

그런데 중요한 점은, 어떤 희생제물을 바쳐야 하고 성소의 어떤 부분을 정화해야 하냐는 죄의 경중보다는 죄를 지은 사람의 사회적 신분에 의해 결정된다는 것이다. 고대 이스라엘에서 '하타(chatta'ah)'와 '아샴('asham)' 등의 비교적 후대(기원전 7세기)에 정착된 희생제의에서는 동일한 실수나 잘못에 대해서도 그것을 저지른 사람의 사회적 신분에 따라 드려야 할 제물의 경중(輕重)이 결정되었다. 이를 표로 정리하면 다음과 같다.

다음 표에서 볼 수 있듯이, 사제와 공동체 전체의 잘못은 가장 가치가 높은 가축인 황소를 희생제물로 드려야 했고, 사회적으로 높은 자리에 있는 사람들은 숫염소를, 그리고 일반 백성은 암염소를 드렸다. 고대 이스라엘에서 가장 가치가 있는 동물은 황소였고, 그 다음이 암소, 숫염소, 암염소의 순이었다.

	사제와 모든 회중	고관	일반 백성
희생제물	황소 한 마리	숫염소 한 마리	암염소 한 마리
피의 정화 대상	성막과 분향단 및 번제단	번제단	번제단
고기 처리 방법	성소 밖에서 태움	사제가 먹음	사제가 먹음

　그리고 앞서 지적했듯이 그러한 실수와 잘못은 성소를 더럽힌다고 여겼는데, 역시 그 행위자의 사회적 신분에 따라 성소를 더럽히는 장소가 달라 피로서 정화해야 하는 곳도 달라질 수밖에 없었다. 고대 이스라엘의 성소는 세 부분으로 구분되는데, 가장 중요한 곳은 지성소(至聖所)로서 모세가 신으로부터 받은 법궤가 있는 곳이며, 그 다음은 성소이고, 성소 밖에 희생제물을 태우는 번제단이 있다. 개인의 과실은 번제단을 더럽히고 집단과 제사장의 잘못은 번제단과 성소를 더럽히며, 전 국민의 죄는 번제단과 성소뿐만 아니라 지성소까지 더럽힌다고 여겼다. 그리고 더럽혀진 곳을 각기 다른 희생제물의 피로 정화했던 것이다.

　희생제의의 종류와 시기에 따라 제물도 달라졌고 성소의 양태와 정화의 대상도 다소 차이가 있지만, 과실을 범한 사람이나 집단의 사회적 지위가 희생제물의 경중과 정화 대상의 등급을 결정했고, 바로 그러한 점이 희생제의가 지닌 사회윤리적 의미를 잘 드러낸다. 말하자면 희생제의는 어떤 사람이

실수하거나 잘못한 것 자체보다는 그것으로 인해 사회 전체가
받게 될 부정적 영향을 줄이기 위한 것이며, 특히 폭력 발생을
막기 위한 사회적 메커니즘이라고 할 수 있는 것이다.

이러한 점은 그 누구에도 책임을 물을 수 없는 사회적 위기
와 갈등의 상황에 드려지는 희생제의를 통해서도 확인될 수
있다. 앞서 언급한 천재지변의 경우나, 살인 사건이 발생하여
피살자가 발견되었는데 그 살인자를 찾을 수 없는 경우에 드
려진 희생제의가 그런 예들인데, 후자의 경우를 자세히 살펴
보면 그러한 사실이 더욱 분명해진다. 주지하다시피 피살자의
시체가 발견되었는데 살해자가 드러나지 않을 경우 사회 전체
가 갈등과 위기감에 휩싸이기 쉽다. 피살자의 가족이나 인척
이 사회구성원 전체에 보복을 가할 위협이 커지고 폭력이 발
생할 가능성이 높아진다. 이럴 때 고대 이스라엘에서는 다음
과 같이 희생제의를 드리도록 했다.

너희 하느님 야훼께서 너희에게 주시어 차지하게 하신
땅에서 누구에게 살해되었는지 알 수 없는 사람의 시체가
발견될 경우에는 너희를 대표하는 장로들과 재판관들이 나
가서 그 시체가 있는 곳에서 주변 성읍들에 이르는 거리를
재거라. 그리하여 그 시체에서 가장 가까운 성읍이 어느 성
읍이든, 그 성읍의 장로들이 아직 멍에를 매고 일한 적이 없
는 어린 암송아지를 끌어와 물이 늘 흐르는 골짜기로 끌고
내려가서 보습을 대 본 적이 없는 곳을 찾아 거기 물가에서

그 암송아지 목을 찍어라……그 시체에서 가장 가까운 성읍의 장로들은 모두 그 골짜기에서 목 찍힌 암송아지에 대고 손을 씻으며 이렇게 말하여라. '우리의 손은 이 사람의 피를 흘리지 않았습니다. 우리는 현장을 목격하지도 못했습니다. 야훼여, 주께서 구해 내신 주의 백성 이스라엘의 죄를 벗겨 주소서. 주의 백성 이스라엘 가운데서 죄 없는 피가 흐르지 않게 하소서.' 이렇게 하면 그들은 그 피의 책임을 벗게 된다. 이렇게 너희는 너희 가운데서 죄 없는 자의 피를 흘리는 일을 송두리째 뿌리 뽑아야 한다.

「신명기」 21 : 1-9, 공동번역)

이 인용문에서 볼 수 있듯이, 공동체 전체가 위기에 놓인 상황에서는 그 대표자에게 책임을 묻고 희생제의를 드리게 함으로써 보복에 의한 폭력 가능성을 배제하고자 했다. 아무런 죄가 없는 장로들이 스스로 책임을 지고 희생제의를 드림으로써 피살자의 가족이나 인척에게는 보복을 할 수 있는 명분을 없애 주는 동시에 장로들에게는 살인 사건이 나게 된 사회 상황에 대한 책임을 물음으로써 향후 같은 사건의 재발을 막는 효과가 있다고 할 수 있다. 결국 이러한 희생제의는 살인자를 찾을 수 없기 때문에 그 죄를 물을 대상이 없지만, 살인 사건으로 인한 사회적 폭력의 발생 가능성을 줄이면서 사회 지도층에 그 사회적 책임을 묻는 사회윤리적 장치라고 할 수 있다.

희생제의에 대한 예언자들의 비판은 바로 그러한 사회윤리적 장치가 제대로 작동하지 못한 것에 대한 것이기도 한다. 그렇기 때문에 예언자들의 비판 대상이 주로 당대의 사회 지도층이었던 것이다. 사회 지도층은 일반인보다 더 가치 있는 제물을 드리듯이, 그리고 그 누구에게도 책임을 물을 수 없는 폭력에 대해서도 책임을 져야 하는데, 그렇지 못하다는 것이 예언자들의 질책이었다.

또한 희생제의는 죄와 실수 혹은 잘못과 그것을 저지른 사람을 분명히 구분하는데, 그렇게 되지 못했다고 하는 것이 예언자들이 희생제의를 비판하는 또 다른 이유이다. 흔히 말하듯 '죄는 미워하되 사람을 미워해서는 안 된다'는 것이 희생제의의 근본 뜻인데, 그러한 구분이 제대로 지켜지지 않는 희생제의는 예언자들의 비판을 면할 수 없었던 것이다.

희생제의에 대한 비판과 사회윤리의 강조

고대 이스라엘의 예언자들은 희생제의에 대한 비판에 그치지 않고 그 대안을 제시하고 있다. 예언자들 사이에서 서로 강조하는 것은 차이가 있지만 모두 윤리적 덕목을 그 대안으로 제시하고 있는 점에서는 공통적이다. 예컨대 아모스가 강조한 것은 정의이다.

살고 싶으냐?
악을 버리고 선을 행하여라……악을 미워하고 선을 사랑

하여라.

(「아모스」 5 : 14-15, 공동번역)

다만 정의를 강물처럼 흐르게 하여라.

서로 위하는 마음 개울같이 넘쳐흐르게 하여라.

(「아모스」 5 : 24, 공동번역)

아모스의 주된 사회 고발이 구조적 폭력이란 점에서 그가
제시한 정의는 사회의 구조적 모순을 극복하기 위한 것이다.
곧 정의는 당시의 계약법전에서 규정하고 있는 약자에 대한
보호[31]를 실천하는 것이며, 계약 관계에서의 신뢰를 그 주된
내용으로 하고 있다. 그런데 중요한 점은 그 계약법전의 내용
이 강제적인 제재가 따르는 법적인 사안이 아니라 일종의 윤
리적 권고의 성격을 띠고 있다는 것이다. 법적으로는 채무자
가 빚을 갚지 못하면 채권자가 그를 종으로 삼을 수 있었고,
사제들에 의한 재판은 법적 시비가 될 수 없지만, 윤리적인 측
면에서 비난의 대상이 될 수 있다는 것이다. 예언자 아모스의
희생제의 비판이 바로 그러한 비도덕적 행위에 초점을 두고
있는 것이다. 그렇기 때문에 앞서 언급한 부자들의 향락에 대
한 아모스의 비난도 사회윤리적인 차원에서 행해진 것이다.
부자들이 자기의 재산을 마음대로 쓰는 것 자체가 법적으로는
문제가 될 수 없지만, 사치와 향락은 비난의 대상이 될 수 있
기 때문이다.

호세아 또한 희생제물보다는 사랑 혹은 자비를 강조하고

있다.

> 내가 반기는 것은 제물이 아니라 사랑이다.
> 제물을 바치기 전에 이 하느님의 마음을 먼저 알아다오.
>
> (「호세아」 6 : 6, 공동번역)

이 사랑이라는 말의 원래 뜻도 계약을 충실히 지키는 것이다. 계약 당사자들이 신의를 갖고 계약 내용을 지키는 것이 사랑이며, 그 자체가 신과의 계약인 것이다. 이 계약의 주요 내용은 오직 하나의 신인 야훼만을 섬기는 것과 바람직한 인간 관계의 윤리인데, 희생제의를 드리면서도 그런 계약을 제대로 지키지 않는다는 것이 호세아의 고발이다.

이사야도 희생제의 대신에 법과 정의, 공평 등의 윤리적 덕목을 제시하고 있다.

> 법이 나의 척도요, 정의가 나의 저울이다.
> 거짓말로 꾸민 너희 대피소는 우박에 맞아 부서지고 그
> 은신처는 물에 휩싸여 간다.
>
> (「이사야」 28 : 17, 공동번역)

이와 같이 이사야는 희생제의가 거행되는 와중에도 살인과 아우성과 유혈이 낭자한 폭력이 난무하는 상황을 비판하면서 법과 정의를 내세우고 있다. 예언자 미가 또한 정의의 실천,

은덕에 보답하는 것, 조심스럽게 하느님과 함께 사는 것 등을 언급하고 있다.[32] 요컨대 예언자들은 희생제의를 통해서 폭력을 극복하는 것에 한계를 느꼈고, 그 대신 윤리적 덕목의 실천이 절실히 필요하다는 것을 강조한 것이다.

예언자들은 사회윤리가 실현되지 못한 것에 대한 신의 심판을 선언하고 있는데, 이스라엘에서 죄에 대한 벌로서 거론되고 있는 것은 기아, 가뭄, 농사를 망치는 것, 전염병, 전쟁, 자연재해 등이다. 그런데 바로 그러한 벌은 희생제의가 실행되는 동기들이었고, 폭력이 발생하게 되는 상황이었으며, 희생제의를 실행하여 극복하는 것들이다. 희생제의가 실행되고 있음에도 불구하고 계속 벌이 내려질 수밖에 없다는 것은 희생제의가 제 구실을 하지 못하고 있다는 것이며, 예언자들의 희생제의 비판도 그러한 희생제의의 무용성에 있는 것이다.

자기희생과 폭력

고대 이스라엘에서 예언자들은 희생제의의 전면적 무용성을 강조하고 그 대신 도덕적 덕목을 제시했다. 그들은 당시 행해지던 희생제의를 목격하고 그것이 역할을 제대로 하지 못하고 있다는 것이었다. 희생제의는 폭력이 발생할 수밖에 없는 사회적 위기 상황에서 거행되었고, 그 결과는 폭력을 예방하거나 폭력의 악순환을 막는 것이었는데, 희생제의를 거행함에도 불구하고 폭력이 난무하는 것은 희생제의가 제 역할을 다하지 못하고 있는 것이라고 예언자들은 판단한 것이다. 그래서 그들은 그 대신 사랑과 정의, 평화와 같은 도덕적 덕목의 실천을 강조했다.

그런데 고대 이스라엘에서 희생제의를 더 이상 실시할 수 없는 상황이 있었다. 이스라엘 사람들의 대다수가 바벨론 제국에 의해 포로로 잡혀갔고, 그곳에서는 어떤 희생제의도 불가능했다. 희생제물로 드릴 동물도 없었고 희생제물을 드릴 장소도 없었다. 그곳에서 희생제의에 대한 새로운 해석이 나타났고, 그러한 해석은 예수와 신약성서에까지 이어졌다. 바로 자기희생이 그 새로운 해석이다. 그리고 중요한 점은 자기희생의 구체적 방법이 예언자들이 희생제의 대신에 제시한 사랑과 자비, 정의와 같은 도덕적 덕목이라는 사실이다.

그렇기 때문에 어떤 과정을 통해 희생제의가 자기희생으로 해석되고, 그 구체적인 실천방법으로 어떤 도덕적 덕목들이 제시되었는지를 파악하는 것은 희생제의가 거의 다 사라진 오늘날에 희생제의가 지닌 의미를 이해하는 데 매우 중요하다고 본다. 왜냐하면 그러한 과정에서 도덕적 덕목을 통해 오늘날의 폭력을 극복할 수 있는 방안을 찾을 수 있기 때문이다. 그리고 희생제의의 폭력 극복 기능과 연계시켜 도덕적 덕목의 의미도 새롭게 조명할 수 있을 것이다.

대리 희생에서 사기희생으로의 전환

희생제의를 통한 폭력의 극복은 매우 효과적인 방법이지만 그 메커니즘은 앞에서 언급한 그 구성요소를 충족하는 일정하게 제한된 공동체 내에서만 가능하다. 무엇보다도 희생제의는 공동체적 집단 의례이기 때문에 참여자들의 공동체적 유대감이 있어야 실효를 거둘 수 있다. 고대 사회에서는 공통의 신앙이 그러한 유대의 기초였다. 한 사회의 구성원 모두가 동일한 신앙을 갖고 모두 함께 의례에 참여함으로써 집단적 일체감을 가질 수 있었던 것이다. 고대 이스라엘에서 볼 수 있듯이 유일신 야훼에 대한 공통의 신앙은 이스라엘 공동체를 하나로 묶는 가장 중요한 토대였으며, 야훼를 대상으로 한 희생제의는 전 공동체의 의례였다. 그렇기 때문에 희생제의가 지닌 폭력 극복의 메커니즘은 공동체 전체에 영향을 미칠 수 있었다.

이스라엘 공동체가 커지고 왕국 체제로 전환되면서 사실상 전 공동체의 행사로 거행되는 희생제의는 점차 불가능해졌다. 더군다나 다른 신에 대한 신앙마저 수용되면서 그 공동체의 유대감은 크게 훼손될 수밖에 없었다. 바로 그러한 시점에서 희생제의에 대한 예언자들의 비판이 크게 대두되었다. 희생제의가 더 이상 폭력의 극복이란 역할을 감당할 수 없게 된 것이다.

특히 이스라엘 사람들이 대부분 바벨론 제국의 포로로 잡혀간 기원전 6세기경에는 희생제의를 드리는 것 자체가 불가능했고, 구약의 「이사야서」 40-55장의 저자로서 포로기 후기에 활동했던 익명의 예언자(제2이사야로 불림)는 희생제의에 대한 전혀 새로운 해석을 하고 있는데 그것이 바로, 「종의 노래 *the songs of servant*」[33]이다. 이 구절들에서는 '종'이 다른 모든 사람들을 대신하여 스스로 고통을 당하는데 그것을 속죄의 희생제의라고 말하고 있다.

실상 그(종)는 우리가 앓을 병을 앓아 주었으며
우리가 받을 고통을 겪어 주었구나……
그를 찌른 것은 우리의 반역죄요.
그를 으스러뜨린 것은 우리의 악행이었다.
야훼께서 그를 때리시고 찌르신 것은 뜻이 있어 하신 일
이었다.
그 뜻을 따라 그는 자기의 생명을
속죄의 제물로 내놓았다.

(「이사야」 53 : 4-10, 공동번역)

이 구절에서 알 수 있듯이 종으로 불리는 그 어떤 사람이
아무런 잘못이 없지만 잘못이 있는 다른 사람들을 위해 대신
벌을 받아 고통을 당하고 죽음으로써 다른 사람들을 속죄하게
되는데 그것이 신의 뜻이라는 것이다. 잘못을 저지른 사람이
희생제물로 동물을 대신 바침으로써 잘못한 것에 대한 사회적
책임을 면하는 것이 희생제의였는데, 마치 아무런 잘못이 없
는 동물이 제물이 되듯이 아무런 책임이 없는 그 누군가가 스
스로 다른 사람의 죄를 대신해 희생제물이 된다는 것이다. 그
리고 그것이 속죄의 희생제의가 된다고 본다.

바로 이런 해석에서 희생제의가 어떤 사람의 잘못이나 범
죄를 면하게 하는 장치가 아니라 그런 잘못이나 범죄로 인한
사회적 책임을 다하는 것이란 사실을 더욱 분명하게 확인할
수 있다. 고대 이스라엘의 초기 희생제의들은 주로 잘못과 범

죄를 저지른 사람이 직접 대(對) 사회적 책임을 지고 희생제의를 드렸고, 죄를 저지른 사람이 불분명한 경우에는 사회의 지도층에게 책임을 물었으며, 마침내는 아무런 죄나 잘못이 없는 사람이 스스로 그 책임을 떠맡는 식으로 전환된 것이다.

이러한 전환은 대체의 메커니즘을 통한 희생제의가 자기희생으로 전환된 것이라 할 수 있다. 희생제의를 드릴 수 없는 상황이나 희생제의가 소용이 없게 된 정황에서 희생제의를 통해 극복했던 폭력의 문제는 자기희생에 의해서만 가능했다는 것이다. 사회적으로 폭력의 충동을 없앨 수 있는 것은 폭력을 통해서만 가능하다. 그리고 그 폭력에의 충동이 희생제물에 대한 폭력으로 해소했는데, 그것이 불가능하게 된 상황에서 스스로 그 충동을 수용하여 폭력을 당하면서도 보복에 의한 악순환이 끊어질 수 있는 것이 바로 자기희생이라고 할 수 있다.

그런데 중요한 점은 그러한 자기희생이 신의 뜻이라는 해석이다. 말하자면 신에 대한 신앙 속에서 폭력을 당해도 그것에 보복하지 않을 수 있다는 것이다. 그렇기 때문에 자기희생은 신에 대한 신앙을 돈독히 하는 것이며 동시에 사회적 폭력의 난무를 막는 가장 효과적인 방법이 될 수 있다. 곧 희생제의가 신에게 제물을 바치는 종교 의례인 것과 마찬가지로 자기희생도 신에 대한 신앙 속에서 자신을 제물로 내어놓은 것이란 말이다.

기독교가 출현한 이후에는 모든 희생제의가 자기희생으로 재해석되고 있다. 그 내용을 구체적으로 살펴봄으로써 희생제의에서 자기희생으로의 전환을 보다 분명히 이해할 수 있을 것이다.

희생제의의 재해석으로서의 자기희생

희생제의를 비판하고 자기희생으로 해석한 것은 고대 이스라엘의 예언자들,[34] 특히 제2이사야였지만 기독교 출현 이후에는 본격적으로 희생제의를 자기희생으로 재해석하기 시작했다.

기독교가 출현하던 시기에도 당시 예루살렘의 성전에서는 희생제의가 빈번히 거행되었다. 유월절과 추수절, 맥추절 등, 유대인들의 종교적 축제에서는 어김없이 대규모 희생제의가 드려졌고 그러한 것들이 유대 사회의 가장 중요한 종교 행사였다. 물론 희생제의 이외에 기도와 금식과 같은 또 다른 종교 의식도 널리 행해졌다. 회당(synagogue) 제도가 확립되어 많은 회당이 건립되었고, 회당에서의 경전 낭독과 해설 등의 새로운 종교 의식도 정착되었다. 그러나 희생제의는 여전히 유대인들의 대표적 종교 의식이었고, 유대인의 한 사람으로 태어난 예수도 희생제의의 장면을 직접 목격했다고 할 수 있다.

예수가 당대의 희생제의를 비판적으로 본 것은 예언자들의 전통과 크게 다르지 않다. 또한 희생제의 대신에 도덕규범을 제시한 것도 거의 같다.

너희는 가서 '내가 바라는 것은 동물을 잡아 나에게 바치는 제사가 아니라 이웃에게 바치는 자선이다'라고 하신 말씀이 무슨 뜻인가를 배워라.

（「마태복음」 9 : 13, 공동번역）

율법학자는……'마음을 다하고 지혜를 다하고 힘을 다하여 하느님을 사랑하는 것'과 '이웃을 제 몸같이 사랑하는 것'이 모든 번제물과 희생제물을 바치는 것보다 훨씬 낫습니다"하고 대답하였다. 예수께서는 그가 슬기롭게 대답하는 것을 보시고…….

（「마가복음」 12 : 32-34, 공동번역）

위의 첫째 인용문은, 세리와 죄인들과 함께 예수가 식사하는 것을 비난한 유대인 율법주의자（바리새파 사람）에 대한 예수의 대응이다. 율법주의자들은 그 말 그대로 고대로부터 전수된 율법을 철저히 준수하는 사람들이었고, 희생제의도 그에 관한 율법에 따라 엄격히 거행했다. 그러한 모습을 본 예수가 희생제의의 준수보다 이웃에 대한 자선이 더 중요하다고 한 것이다. 예수가 인용한 내용이 구약성서의 「호세아」 6장 6절이며, 예언자들의 희생제의 비판을 예수가 그대로 수용한 것이기도 하다.

둘째 인용문은 예수가 하느님 사랑과 이웃 사랑을 첫째와 둘째가는 계명으로 말한 것에 대한 율법학자의 응답과 그에 대한 예수의 평가를 기술한 것이다. 여기서도 희생제의보다는 이웃 사랑이 더 중요한 것으로 제시되어 있다. 예수는 희생제의의 실행이 만연되어 있는 사회에서 그것을 비판하고 그 대신 사회윤리적 의미가 있는 도덕규범을 제시한 것이다.

예수는 당시의 희생제의가 종교적으로 신에 대한 신앙을 고취하는 데 별로 소용이 없을 뿐만 아니라 사회의 불의와 비도덕적 행위를 제어하는 데 도움이 되지 못한다고 본 것이다. 말하자면 폭력의 발생을 미연에 막거나 극복하는 데 희생제의가 제대로 역할을 하지 못했다고 하는 것이다.

그런데 예수는 당대의 희생제의를 비판적으로 보면서도 자신의 죽음을 또 다른 희생제의로 해석하고 있다.

사실은 사람의 아들(예수)도 섬김을 받으러 온 것이 아니라 섬기러 왔고 많은 사람을 위하여 목숨을 바쳐 몸값을 치르러 온 것이다.

(「마태복음」 20 : 28, 공동번역. 같은 내용이 「마가복음」
10 : 45에도 있음)

이것은 나의 피다. 죄를 용서해 주려고 많은 사람을 위하여 내가 흘리는 계약의 피다.

(「마태복음」 26 : 28, 공동번역. 같은 내용이 「마가복음」
14 : 24와 누가복음 22 : 20에도 있음)

첫째 인용문은 예수가 십자가에 달려 죽게 될 것을 세 번이나 말하고 난 직후에 한 말이기 때문에 예수가 자신의 죽음을 다른 사람들을 위한 희생으로 설명한 것이 분명하다. 둘째 인용문은 이른바 '최후의 만찬'에 관한 기록에 포함된 것으로 구약성서의 희생제의에서 바쳐진 제물과 같이 예수 자신이 죽을 것이라고 말한 것이다. 요컨대 예수는 자신이 십자가에 달려 죽은 것을 다른 모든 사람을 위해 죽은 희생제의, 곧 자기희생으로 선포한 것이다.

예수의 죽음에 대한 이러한 해석은 「요한복음」에서 더욱 구체적으로 나타나고 있다. 「요한복음」은 예루살렘 성전이 완전히 파괴되어 더 이상 성전에서의 희생제의가 불가능한 상황에서 쓴 것이기 때문에 희생제의 자체에 대한 비판보다는 그 의미를 설명하는 데 주목하고 있다.

> 아버지께서는 내가 목숨을 바치기 때문에 나를 사랑하신다. 그러나 결국 나는 다시 그 목숨을 얻게 될 것이다. 누가 나에게서 빼앗아가는 것이 아니라 내가 스스로 바치는 것이다. 나에게는 목숨을 바칠 권리도 있고 다시 얻을 권리도 있다. 이것이 바로 내 아버지에게서 내가 받은 명령이다.
>
> (「요한복음」 10 : 17-18, 공동번역)

> 아버지께서 나를 세상에 보내신 것같이 나도 이 사람들을 세상에 보냈습니다. 내가 이 사람들을 위하여 이 몸을 아버

지께 바치는 것은 이 사람들도 참으로 아버지께 자기 몸을
바치게 하려는 것입니다.

(「요한복음」 17 : 18-19, 공동번역)

이 두 인용문에 모두 나오는 '바치다'라는 것은 희생제의를
위한 준비를 가리키는 것이며, 예수 자신이 자신의 죽음을 스
스로 택한 희생제의, 곧 자기희생으로 규정한 것이라는 점을
분명히 알 수 있다. 둘째 인용문에서는 다른 사람들도 그러한
자기희생을 하라고 말하고 있는데, 요한복음에서는 이웃 사랑
을 그 구체적인 방법으로 제시하고 있다. 곧 예수가 스스로 죽
음을 택한 것이 한편으로는 하느님에 대한 사랑이고 다른 한
편으로는 이웃 사랑이라는 것이다. 그래서 예수는 이웃 사랑
을 새로운 계명으로 제시하고 있다.(「요한복음」 15 : 17)
  신약성서의 다른 경전들에서도 예수의 죽음을 고대 이스라
엘의 희생제의와 유비하여 해석하는 것을 자주 볼 수 있다. 초
대 교회의 대표적인 사도로서 적어도 8개 이상의 경전35)을 직
접 쓴 바울은 자신의 사도로서의 직무를 '하느님의 복음을 전
하는 사제의 직무를 맡아 성령으로 거룩하게 된 이방인들을
하느님께서 기쁘게 받아 주실 제물이 되게 하는 것'(「로마서」
15 : 16)이라고 설명하고 있다.
  고대 이스라엘에서는 동물들이 인간을 대신하여 희생제물이
되었는데, 예수는 자기 자신을 제물로 내놓았고, 바울도 자신을
이방인을 위한 사제로서 이방인을 희생의 제물로 설명하고 있

는 것이다. 더 나아가 바울은 이방인들에게까지 '여러분 자신을 하나님께서 받아 주실 거룩한 산 제물로 바치십시오. 그것이 여러분이 드릴 진정한 예배입니다.'(「로마서」 12 : 1)라고 말함으로써 모두가 희생제물의 역할을 담당하도록 권하고 있다.

이와 같이 바울이 고대 이스라엘의 희생제의를 자기희생으로 해석하면서 그 구체적인 방법으로 제시한 것은 이웃 사랑이다. 바울도 구약의 예언자들과 마찬가지로 당대의 종교적·도덕적 타락을 신랄하게 비판하고 있다. 우상 숭배는 물론 성적인 방종, 부정과 부패, 악독, 사기, 분쟁 등이 매우 심각하다는 것을 거론하면서 계약을 통해 선포되고 희생제의를 근간으로 유지되었던 사회정의가 더 이상 실현될 수 없음을 지적하고 있다. 그래서 그 대안으로 제시한 것이 바로 이웃 사랑이다. 바울은 더 구체적으로 형제 사랑, 나그네 대접, 박대 받는 사람들에 대한 축복, 화평, 원수사랑 등을 언급하고 있다. 말하자면 바울은 사회윤리적 덕목의 실천을 통해 폭력으로 얼룩진 사회를 평화로운 사회로 바꾸려 했던 것이다.

기원후 70년에 제2성전이 파괴됨으로써 사실상 모든 희생제의가 불가능하게 되었다. 초대 교회는 어느 정도 정착되었지만 로마 제국의 박해가 시작되었고, 그러한 상황에서 기록된 신약성서의 경전들에서는 고대 이스라엘의 희생제의의 종식을 선언하고, 더 이상 희생제의를 드릴 필요가 없다고 말하고 있다. 말하자면 희생제의의 전면적 무효화를 선언하고 있는 것이다.

이는 고대 이스라엘에서 일 년에 한 번 전 국민의 죄와 부정을 속죄하는 화해의 날에 드려진 희생제의를 예수의 죽음과 비교하여 설명하는 히브리서에 잘 나타나고 있다. 여기서는 예수가 바로 속죄의 날에 희생제의를 주관한 대사제와 제물의 역할을 모두 담당했다는 설명으로 나타나고 있는데, 그 내용을 도식화하여 설명하면 다음과 같다.36)

아래 도표에서 알 수 있듯이 「히브리서」에서는 예수의 죽음, 곧 자기희생을 마지막의 완전한 대사제로서의 역할로 설명한다. 그렇게 함으로써 더 이상 구약성서의 희생제의가 필요 없음을 선언하고 있는 것이다. 동시에 히브리서의 저자는

구 분	대 사 제	예 수
주요 임무	백성과 자신을 위한 속죄로 제물을 바치는 것	모든 사람을 위해 자기 자신을 속죄의 제물로 바치는 것
임무 수행 방법	매년 지성소에서 동물을 제물로 희생제의를 드림	단 한 번 자기 자신을 영원히 효력 있는 제물로 바침
수임 기간	죽을 때까지(세습제)	영원히
계통	레위 지파	멜기세덱 계통
임무수행 장소	천막의 지성소(땅의 성전)	하늘 성전의 지성소
계약과의 관계	옛 계약의 중재자	새 계약의 중재자
자신의 죽음을 통한 속죄 대상	도피성에 있는 과실 치사자들	모든 사람
지성소의 출입	일 년에 한 번	영원히

모든 사람이 '하나님을 기쁘시게 하는 제사'를 드리라고 함으로써 예수와 같은 자기희생을 권하고 있다. 그리고 그 구체적인 내용은 사랑의 실천으로 제시되고 있다. 형제를 사랑하는 것, 나그네를 대접하는 것, 감옥에 갇힌 사람들과 학대받는 사람들을 돌보는 것, 서로 좋은 일을 하면서 남을 돕는 일을 게을리 하지 않는 것 등 윤리적 덕목의 실천을 주장하고 있다.

이러한 희생제의에 대한 히브리서의 재해석, 곧 윤리적 덕목의 실천으로 구체화된 자기희생으로서의 해석은 「야고보서」, 「베드로전서」와 「베드로후서」, 「요한일서」, 「에베소서」 등에서도 동일하게 나타나고 있다. 다만 그러한 경전들이 쓰인 구체적인 상황과 관련하여 윤리적 덕목의 강조가 다소 다르게 나타날 뿐이다. 예컨대 「베드로전서」에서는 사랑과 봉사, 비폭력이 중시되었고, 「요한일서」에서는 형제 사랑이, 그리고 「에베소서」에서는 화해와 평화가 가장 중요한 덕목으로 천거되었다.

자기희생의 윤리적 의미

예수 자신은 자기의 죽음을 모든 사람들을 위한 자기희생으로 받아들였다. 그리고 그것이 고대 이스라엘에서 죄를 사함 받는 속죄의 희생제의로 설명하고 있다. 신약성서의 저자들도 예수의 죽음을 고대 이스라엘의 희생제의로 설명하면서 더 이상 다른 희생제의가 필요 없는 마지막이자 영원한 희생제의로 규정했고, 모든 사람들이 그러한 자기희생적인 삶을 살도록 권고하고 있다. 그리고 그러한 삶의 구체적인 방법으로 다양한 윤리적 덕목을 제시하고 있다.

예수와 신약성서 저자들이 그러한 윤리적 덕목을 제시하면서 당시의 시대적 상황에 대한 비판을 하고 있는데, 그 내용은 구약의 예언자들의 시대 비판과 다르지 않다. 곧 폭력이 발생하는 시대 상황에 대한 비판인 것이다.

앞서 밝힌 대로 고대 이스라엘에서는 폭력이 발생할 수밖에 없는 사회적 위기 상황에서 희생제의가 거행되었고, 그 결과는 폭력의 예방과 극복이었는데, 희생제의가 널리 거행되면서도 폭력이 계속 발생하고 확대되는 정황에서는 희생제의가 아무런 소용이 없다는 예언자들의 비난이 계속되었다. 고대 이스라엘의 예언자들은 희생제의의 거행보다는 사랑과 정의, 평화와 화해를 강조했다. 결국 윤리적 덕목의 실천을 통해 폭력을 극복하자는 것은 고대 이스라엘 예언자들로부터 예수와 신약성서 저자들에 이르기까지의 공통된 주장인 것이다.

그런데 희생제의의 새로운 해석으로서의 자기희생과 그 구체적 방법으로서의 윤리적 덕목의 실천은 폭력의 극복이라는 희생제의의 본래적 의미로 되새길 필요가 있다. 앞에서 설명했듯이 희생제의에서는 당시 사회적으로 가치 있는 것들의 파괴가 필수적이다. 고대 이스라엘에서는 황소가 가장 가치가 있는 재산이었고, 심각한 폭력이 발생할 수밖에 없는 상황에서는 황소가 희생의 제물로 바쳐졌다. 따라서 윤리적 덕목의 실천으로 새롭게 해석된 자기희생에서도 그러한 가치 있는 것의 희생이 필요한 것이다. 이웃 사랑과 자비, 화평, 정의 등의 모든 윤리적 덕목의 실천은 그러한 희생이 동반되어야 한다는 것이다. 말뿐인 사랑은 아무런 소용이 없다는 것을 희생제의가 보여주고 있는 것이다. 예컨대 홍수로 재산상의 피해를 보거나 인명의 살상을 당한 사람과 그 가족에게는 사회적으로 혹은 국가적으로 충분한 보상이 있어야 하고, 그 보상을 위한 희생이 뒤따라야 한다는 것이다. 홍수가 누구의 잘못이 아닐지라도 사회구성원이 홍수로 피해를 본 사람에 대한 보상을 통해 그 피해에 대한 책임을 질 수 있을 때 피해자가 사회에로 발산하게 되는 폭력이 자제될 수 있는 것이다. 아무런 잘못이 없는 사람의 희생만이 폭력에의 욕구를 수용할 수 있기 때문이다.

아무런 잘못이 없으면서도 스스로 희생할 수 있는 것이야말로 종교적 신앙을 필요로 한다. 사랑과 정의를 실천하기 위해 희생을 감내하는 것은 종교적으로 높이 평가되는 삶의 태도이기 때문이다. 희생제의가 종교 의례였듯이 희생제의의 새로운 해석으로서의 윤리적 덕목을 실천하는 것도 종교적 신앙에 토대를 둘 때 비로소 가능할 수 있는 것이다. 물론 천국에 가는 것이나 더 나은 존재로 태어나는 것 혹은 현세에서의 축복 등 종교적인 사후의 보상이 희생을 감수하는 이유가 될 수 있지만, 그 자체가 논리적이고 합리적인 결정이 아닌 믿음에 바탕을 둔 결단이다.

그리고 윤리적 덕목의 실천이 종교적 신앙을 토대로 한다는 것은 자발적이라는 것을 의미하는 것이기도 하다. 희생제의가 범죄와 실수 혹은 자연적 재해 그 자체를 문제 삼는 것이 아니라 그러한 것들이 미치는 사회적 악영향과 그로 인한 폭력 발생이었듯이, 윤리적 덕목의 실천은 폭력이 발생할 수밖에 없는 사회에 대한 도의적 책임을 자발적으로 수용하는 것이다. 그러한 책임을 다하지 않는다고 법적인 문제가 되는 것은 아니다. 부자의 사치가 법적으로 처벌되지 않지만 도덕적인 비난의 대상이 될 수 있는 것과 마찬가지이다. 그렇기 때문에 희생제의에서는 사회적으로 높은 지위에 있거나 경제적으로 부유한 사람에게 더 가치 있는 제물을 드리도록 했던 것처럼 윤리적 덕목을 실천하는 책임도 그들에게 더 많다고 할 수 있다. 자신의 잘못이 아닌 것을 스스로 책임질 수 있는 사회 고위층이 많을수록 폭력은 줄어들 수 있는 것이다.

또한 죄와 사람을 구분하는 것도 자기희생의 중요한 윤리적 의미이다. 죄와 사람을 구분하지 않을 경우(죄인이라는 말에서처럼) 다른 사람을 위한 자기희생은 불가능하다. 누가 죄를 지었든지 간에 그 죄에 대해 책임을 지는 사람이 있어야 죄로 인한 폭력의 발생과 그 연속을 막을 수 있는 것이다.

성스러운 비폭력

오늘날에는 거의 모든 종교에서 희생제의를 거행하지 않는다. 르네 지라르가 잘 지적했듯이 사법제도가 폭력에 대한 매우 효과적인 치유책이 되고 있기 때문이라고 할 수 있다. 희생제의를 통해 예방되고 억제되던 폭력이 사법제도를 통해 더 효과적으로 제어될 수 있다. 그리고 사법제도를 수립하고 유지하는 것은 국가 권력이다. 국가 권력은 사법제도를 통한 폭력을 합법화하고, 그 합법화된 폭력은 폭력의 악순환을 막는 가장 일반적인 방법이 되었다.

그러나 주지하다시피 국가 권력이 정당화될 수 있을 때에만 국가 권력의 폭력도 정당화될 수 있고 폭력의 확대를 막을 수 있다. 그렇기 때문에 정당화되지 못한 국가 권력에 대한 도

전은 엄청난 폭력을 동반하게 된다. 이른바 혁명은 국가 권력의 폭력을 또 다른 폭력으로 제어하고 새로운 국가 권력을 수립하는 것이다. 하지만 어떤 국가 권력도 폭력을 제어하는 데에는 한계가 있다. '유전무죄(有錢無罪) 무전유죄(無錢有罪)'라는 말처럼 자본주의 사회에서 돈은 법적 판단을 무색하게 만들기도 한다. 국가 권력 자체의 횡포도 제어하기 힘들다.

사실상 폭력은 우리 사회의 구석구석에서 매일같이 발생하고 있다. 폭력의 근절보다는 축소와 극복이 더 현실적인 방안이 될 수밖에 없는 실정이다. 희생제의가 있음에도 불구하고 폭력이 만연했던 고대 이스라엘 사회와 별반 다르지 않은 상황이다. 그래서 예언자들이 힘주어 말했던 자기희생과 그 구체적 방법으로서의 정의와 사랑, 자비, 화평이 다시 강조될 필요가 있는 것이다.

그러나 모든 종교에서 사랑과 자비, 평화를 외치고 있지만 반향 없는 메아리로 그치기 십상이다. 아마도 희생이 없기 때문이라고 본다. 자기 자신에게 아주 가치 있는 것, 심지어 목숨까지 내어 놓을 수 있는 희생이 전제되지 않은 사랑은 파급효과가 없다. 사회적으로나 종교적으로 높은 지위에 있는 사람들이 더 큰 희생을 자처하지 않는 한 폭력은 수그러들지 않을 것이다.

우리 사회에서 폭력이 점점 더 기승을 부리는 모습을 보면서, 그리고 성스러운 폭력으로서의 희생제의를 살펴보면서 내내 인도의 마하트마 간디가 외친 비폭력(아힘사, ahimsa)이 새

삼스럽게 회상되었다.[37] 간디는 종교인이었다. 그는 신 곧 진리(satha)를 믿고 비폭력을 실천한 것이다. 제국주의 영국의 국가 권력이 행사하는 막강한 폭력을 이긴 것이 그의 비폭력이다. 국민들의 폭력에의 욕구를 잠재운 것은 스스로 단식하고 희생하면서 설득한 간디의 사랑이었다.

희생제의가 더 이상 거행되지 않듯이 성스러운 폭력은 이제 무용지물이 되었다. 희생제의에서 알 수 있듯이 폭력은 자기 자신에 대한 것이지 상대방을 향한 것이 아니기 때문이다. 희생제물에 대한 폭력은 자기 자신에 대한 폭력을 제물에 대한 폭력으로 대체하는 것이며, 다른 사람에게 가할 폭력을 자신에게로 돌리는 것이다. 그렇게 될 때만 그 폭력은 성스러운 것이 될 수 있다. 그렇기 때문에 성스러움을 내세운 타인에 대한 그 어떤 폭력도 설득력이 없다. 성스러운 전쟁도 테러도 용납될 수 없다. 어떤 사람이나 집단 혹은 국가를 위해 그것에 폭력을 행사한다는 논리는 폭력 그 자체를 정당화하려는 술수에 지나지 않는다.

이러한 입장에서 자식을 위해, 학생을 위해 체벌을 한다는 것도 정당하지 못하다. 희생제의에서 자신이 자신을 대신하는 동물에게 폭력을 가하듯이 체벌은 스스로 받아야 하는 것이기 때문이다.

희생양을 만드는 정치 논리도 비판받아야 한다. 희생제의에서의 희생양은 양을 희생하는 사람들 자신이다. 스스로 자신을 희생하는 것이다. 곧 자기희생인 것이다. 그렇기 때문에 자기 자신들 대신에 그 누군가를 희생양으로 만드는 것은 폭력의 순환을 가져올 수밖에 없다. 예수처럼 그 누군가가 스스로 희생양이 되기 전에는 폭력에의 욕구를 잠재울 수 없기 때문이다.

종교에서 희생제의를 거행하지 않듯이 폭력을 통한 폭력의 극복은 옛 시대의 유물이 되어야 한다. 그 대신 스스로 희생하면서 도덕적 덕목들을 실천하는 종교인이 필요하다. 종교적 신앙은 그 희생을 의미 있게 만들 수 있다.

천재지변이나 살인자가 규명되지 못한 살인 사건이 발생했을 때처럼 그 누구에게도 책임을 물을 수 없는 폭력이 발생했을 경우 희생제의에서 사회 지도층이 그 책임을 지도록 했던 것은 현대 사회에서도 유용하다고 본다. 사회 지도층은 일반인보다 더 많은 권리를 누리고 있다. 그렇기 때문에 더 많은 책임을 져야 한다고 본다. 사회 지도층의 잘못과 폭력은 그 파급 효과가 더 크기 때문이다. 히틀러의 만행이 수백만 유태인을 살해하는 폭거(暴擧)로 이어질 수 있는 것이다. 책임과 권리가 상응할 수 있어야 사회는 건강해질 수 있다.

우리 나라의 역사에서도 폭로의례(暴露儀禮)로 통칭되는 다양한 의례들이 있었는데, 그것은 가뭄이나 홍수 등의 자연적 재해에 대해 왕이나 종교적 지도자가 스스로 책임을 지는 방식이었다. 예컨대 편안한 집무실을 피하고(避正殿), 간소한 음식을 들며 가무를 금지하는 등 사회의 최고 지도자가 스스로 희생하는 모습을 보였다. 동시에 억울한 사람들을 찾아 한을

풀어주고 가난한 사람들을 보살피는 등 사회적 약자를 보호하는 정책을 폭로의례와 같이 시행하기도 했다. 이것이 희생제의의 한 의미이기도 하다.

사람들에 의해 사람들을 위해 폭력을 당하고 죽어간 무수히 많은 동물들, 다른 사람들의 폭력 욕구에 희생되었던 죄수, 노예, 포로, 어린애, 여자 등 사회적 약자들, 폭력을 거부하며 차라리 폭력의 희생자가 되길 자처한 마하트마 간디, 살상을 당하면서도 보복을 거부하는 종교인들, 다른 모든 사람의 죄를 스스로 걸머쥐고 죽음을 택한 예수 등은 세상을 살리는 힘의 원천이리라!

주

1) 폭력(violence)이라는 말의 라틴어 어원은 violare인데, 그 뜻은 '침해하다(to violate)'이다. 일반적으로 인간에 대한 폭력은 육체적, 정신적, 영적 침해 등 인간성 전체에 대한 침해를 폭력으로 규정할 수 있다.

2) 브라질의 까마라(Dom Helder Camara) 주교는 사회의 구조적 불의가 반란을 낳고, 다시 반란이 억압을 낳은 폭력의 연쇄를 말하고 있다. Robert MaAfee Brown, *Religion and Violence : A Primer for White American*(Philadelphia : The Westminster Press, 1973), pp.8-11 참조.

3) 「마태복음」「마가복음」「누가복음」「요한복음」 등 신약성서의 네 복음서에서는 모두 예수가 성전 안에서 장사하는 환전상들과 비둘기 장사꾼들을 쫓아낸 기록이 있는데, 그 상인들은 희생제의에 쓸 가축과 물품을 파는 사람들이었다.

4) 람 샤란 샤르마, 『인도 고대사』(김영사, 1996), p.120.

5) 기원전 6세기에 인도에서 생겨난 불교와 자이나교에서 불살생(ahimsa)과 같은 교리를 매우 강조한 것도 고대 인도에서 희생제의가 얼마나 널리 퍼져 있었는지를 역설적으로 보여준다.

6) 소마는 감화의 신이며 불멸의 삶을 부여하는 신이고 약초를 이용해 사람들을 치유하는 신이다. 동시에 그 약초나 즙을 일컫는 말이기도 한다. 인도 최고의 경전인 베다에서는 산에서 자라는 식물이라고만 언급되어 있을 뿐 정확히 어떤 식물인지에 대해서는 이론이 많다.

7) 희생제의를 다룬 경전은 칼파 수트라(Kalpa Sutras)이며, 여기서는 전문적인 사제들에 의해 진행되는 희생제의(Srauta sacrifices)와 가정에서 이루어지는 희생제의(Smarta)로 크게 나누어진다.

8) James Hastings(ed.), *Encyclopaedia of Religion and Ethics*(Edinburgh : T. & T. Clark, 1911), vol.12, pp.610-16 참조.

9) 이재숙·마광수 역, 『마누법전』(한길사, 1999), 제11장 참조.

10) Gavin Flood, *An Introduction to Hinduism*(Cambridge : Cambridge

University Press, 1996), pp.216-18.

11) 許進雄, 영남대 중국문학연구실 역,『중국고대사회 : 문자학과 고고학적 해석에 입각하여』(지식산업사, 1993), p.467 참조. 보일 시(示)도 고기를 바치는 모습을 형상화한 것이다.

12) 東京大學出版會,『宗敎學辭典』(東京大學出版會, 1973), p.255 참조.

13) 고대 중국에서의 동물 희생제의는 주로 동물의 사지와 목을 자르는, 이른바 각(脚)을 뜨는 방법이 사용되었고, 그 과정에서 유혈이 낭자한 모습이 나타날 수밖에 없었다. 희생제물을 혹은 산 채로 땅에 묻거나 물에 빠뜨리는 것, 요리하여 제물로 놓은 것 등도 있었다.

14) James Hastings(ed.), *Encyclopaedia of Religion and Ethics*(Edinburgh : T. & T. Clark, 1911), vol.3, p.728 이하 참조.

15) 許進雄, 위의 책, p.467.

16) sacer(라)는 규정된 의식에 따라 계속해서 신에게 바쳐지는 대상들을 뜻하는데, 동·식물뿐만 아니라 향료, 보석, 건물, 사람 등 그것을 바치는 사람이 매우 가치 있게 여기는 것들이다. 곧 희생제물이 되는 것이 sacer이다. 그것들이 신에게 바쳐지면 sacirficium(희생제물)이 되는 것이다. 그리고 그렇게 바치는 과정이 sacrificare인데, 그 말에서 sacrifice(희생제의)란 용어가 나온 것이다.

17) 일반적으로 sacrificare는 sacri(holy)와 ficare(to make)의 합성어로 설명되어 '성스럽게 만드는 것'이란 뜻이 되지만, sacri(sacer)는 신에게 바치기 위해 구별된 것이란 의미가 본 뜻이며, 차츰 성스럽다는 의미로 사용되었다.

18) 예를 들어『브리태니커 백과사전』에서는, "보다 더 가치가 있는 것을 얻기 위해 가치 있는 어떤 것을 포기하거나 드리는 것"으로 정의하고, 세속적으로도 그렇게 사용되고 있다는 점을 지적하고 있다.

19) 류성민,「희생제의 폭력의 종교윤리적 의미에 대한 연구 : 성서종교 전통을 중심으로」, 서울대학교 종교학과 박사학위논문(1991), pp.5-6 참조.

20) 이 점이 프레이저에 대한 비판의 핵심이다. 그가 원시인들의 지적 열등성을 전제하고 있는데 오늘날 원시인들이 비록 작

은 집단에 친족 구조를 이루고 있고, 문명과는 동떨어진 삶을 살고 있지만, 그들이 현대인보다 지적으로 열등하다는 객관적이고 과학적인 증거가 없다는 것이 정설이다.

21) 그 해에 맨 먼저 나온 과일이나 곡식 따위를 이르는 말.

22) J. H. M. Beattie, "On Understanding Sacrifice", in Bourdillon and Meyer(eds.), *Sacrifice*(London : Academic Press, 1980), p.36.

23) 희생제의와 관련되어 있고 우리말로 번역된 르네 지라르의 책으로는 『폭력과 성스러움』(김진식·박무호 역, 민음사, 1993), 『희생양』(김진식 역, 민음사, 1998)이 있다. 우리말로 된 그에 관한 책과 논문으로는 김현의 「르네 지라르 혹은 폭력의 구조」(나남, 1987)와 계간 『라쁠륨』(1998년 여름호)에 실린 김진식의 「모방욕망과 소설이론」, 박정오의 「문화에 숨겨진 폭력」이 있다.

24) 지라르는 이러한 폭력을 본질적 폭력 혹은 초석적 폭력이라고 명명했고, 지속적이고 순환적이라는 면에서 상호적 폭력이라고 규정하기도 했다.

25) 르네 지라르, 『폭력과 성스러움』, 김진식·박무호 역(민음사, 1994), pp.14-17 참조.

26) 중세 유럽에서 흑사병이 창궐할 때 마녀 사냥이 나타났고, 최근 중국에서 사스라는 괴질이 번질 때 유랑자 수용소에서 맞아 죽은 청년의 문제가 불거진 것도 이와 같은 맥락이라고 할 수 있다.

27) 이 이야기가 기록된 시기는 이스라엘 왕국 말기로 이스라엘 공동체가 분열과 파국을 맞이하기 시작한 시점이라는 것도 희생제의가 사회적 위기 상황이라는 정황에서 거행되었다는 것을 반증한다고 본다.

28) 철학에서는 일반적으로 '기계론(機械論)'으로 번역되고 있으며, 심리학적으로는 '기제(機制)'로 번역되어 자율적이고 기계적으로 변화하는 과정을 뜻한다.

29) 대체로 고대 사회에서는 제비뽑기 방식이 많이 사용되었는데, 그 경우에 인간 희생제물의 선정이 신의 뜻으로 설명되거나 드러나지 않은 죄의 결과로 해석되어 그 복수의 대상을 찾을 수 없게 된다. 구약성서의 요나 이야기가 전형적인 사례이다. 바다에서 폭풍을 만난 뱃사공들과 함께 탄 사람들은 폭풍이 누구 때문에 일게 되었는가를 판가름하기 위해 제비

뽑기를 했고, 요나가 걸려 결국 바다에 던져졌고 폭풍이 가라앉았다.

30) 예컨대 실수하여 제대로 제물을 바치지 못한 죄, 야훼에게 불성실한 죄, 사소한 횡령이나 도둑질, 실수로 부정한 것들에 접촉한 죄 등이 희생제의를 통해 속죄될 수 있다는 것이다.(「레위기」 5장 참조)

31) 「출애굽기」(22장)에 나와 있는 계약법전의 약자 보호 관련 내용으로는 과부와 고아를 괴롭히는 것, 권세 있는 자에게 유리하게 증언하는 것, 가난한 자에게 돈을 빌려주고 이자를 받는 것 등이 금지되고 있다.

32) 「미가」 6 : 6-8 참조.

33) 종의 노래는 「이사야」 42 : 1-9, 49 : 1-6, 50 : 4-9, 52 : 13-53 : 12 등의 네 군데에 있다.

34) 예언자들이 희생제의를 비판하고 당시의 지도층이나 제사장들을 비난함으로써 많은 고통을 당했으며, 그 자체가 일종의 자기희생적 행동이라고 할 수 있을 것이다.

35) 신약성서에서 13개의 서신을 바울 서신이라고 하여 바울이 쓴 것으로 되어 있지만, 「로마서」「갈라디아서」「고린도전서」「고린도후서」「데살로니가전서」「데살로니가후서」「빌립보서」「빌레몬서」 등의 8개 서신만 바울의 서신이라고 인정되고 있다.

36) 「레위기」 16장과 「히브리서」 7-8장의 내용을 비교·정리한 것이다.

37) 간디의 삶과 활동에 대해서는 『간디 자서전』(함석헌 역, 삼성출판사, 1977)과 요안 V. 본두란트의 『간디의 철학과 사상』(류성민 역, 현대사상사, 1990)을 참조.

참고문헌

김진식, 「르네 지라르 : 모방욕망과 소설이론」, 계간 『라쁠륨』, 제3권 2호(통권 8호), 1998 여름.

김현, 『르네 지라르 혹은 폭력의 구조』, 나남, 1987.

노스, B.; 윤이흠 역, 『세계종교사』, 현음사, 1985(Noss, John B, *Man's Religion*, New York : Macmillan, 1972).

류성민, 「희생제의와 폭력의 종교윤리적 의미에 대한 연구 : 성서종교전통을 중심으로」, 서울대학교 종교학과 박사학위논문, 1991.

르네 지라르, 『폭력과 성스러움』(김진식·박무호 공역), 민음사, 1993(René Girard, *Violence and the Sacred*, tr. by Patrick Gregory, Baltimore and London : The John's Hopkins Univ., 1977).

르네 지라르, 김진식 역, 『희생양』, 민음사, 1998(René Girard, *La Bouc émissaire*, Paris : Grasset, 1973).

미르치아 엘리아데, 『종교사 개론』(이재실 역), 까치, 1993.

박정오, 「르네 지라르 : 문화에 숨겨진 폭력」, 계간 『라쁠륨』, 제3권 2호(통권 8호), 1998 여름.

서인석, 『한 처음 이야기』, 생활성서사, 1986.

앙드레 트로끄네, 박혜련·장명수 공역, 『예수와 비폭력 혁명』, 한국신학연구소, 1986(Trocme, Andre, *Jesus et la Revolution non violente,* Genava : Labor et Fides, 1961).

요안 V. 본두라트, 류성민 역, 『간디의 철학과 사상』, 현대사상사, 1990.

자크 엘룰, 최종고 역, 『폭력』, 현대사상사, 1974.

Gray, G. B., *Sacrifice in O. T.*, London : Oxford University Press, 1925.

Money-Kyrle, R., *The Meaning of Sacrifice*, London : Burnes Oates and Washbournem, 1994.

Yerkes, Royden Keith, *Sacrifice : In Greek and Roman Religions and Early Judaism,* New York : Charles Scribner's Sons, 1952.

성스러움과 폭력

펴낸날	초판 1쇄 2003년 9월 30일
	초판 3쇄 2013년 7월 31일

지은이	류성민
펴낸이	심만수
펴낸곳	(주)살림출판사
출판등록	1989년 11월 1일 제9-210호

주소	경기도 파주시 문발동 522-1
전화	031-955-1350 팩스 031-624-1356
기획·편집	031-955-4662
홈페이지	http://www.sallimbooks.com
이메일	book@sallimbooks.com

ISBN	978-89-522-0135-5 04080

089 커피 이야기

eBook

김성윤(조선일보 기자)

커피는 일상을 영위하는 데 꼭 필요한 현대인의 생필품이 되어 버렸다. 중독성 있는 향, 마실수록 감미로운 쓴맛, 각성효과, 마음의 평화까지 제공하는 커피. 이 책에서 저자는 커피의 발견에 얽힌 이야기를 통해 그 기원을 설명한다. 커피의 문화사뿐만 아니라 커피에 대한 일반적인 정보 및 오해에 대해서도 쉽고 재미있게 소개한다.

021 색채의 상징, 색채의 심리

박영수(테마역사문화연구원 원장)

색채의 상징을 과학적으로 설명한 책. 색채의 이면에 숨어 있는 과학적 원리를 깨우쳐 주고 색채가 인간의 심리에 어떤 작용을 하는지를 여러 가지 분야의 사례를 통해 설명한다. 저자는 색에는 나름대로의 독특한 상징이 숨어 있으며, 성격에 따라 선호하는 색채도 다르다고 말한다.

001 미국의 좌파와 우파

eBook

이주영(건국대 사학과 명예교수)

진보와 보수 세력의 변천사를 통해 미국의 정치와 사회 그리고 문화가 어떻게 형성되고 변해왔는지를 추적한 책. 건국 초기의 자유방임주의가 경제위기의 상황에서 진보-좌파 세력의 득세로 이어진 과정, 민주당과 공화당의 대립과 갈등, '제2의 미국혁명'으로 일컬어지는 극우파의 성장 배경 등이 자연스럽게 서술된다.

002 미국의 정체성 10가지 코드로 미국을 말하다

eBook

김형인(한국외대 연구교수)

개인주의, 자유의 예찬, 평등주의, 법치주의, 다문화주의, 청교도 정신, 개척 정신, 실용주의, 과학·기술에 대한 신뢰, 미래지향성과 직설적 표현 등 10가지 코드를 통해 미국인의 정체성과 신념을 추적한 책. 미국인의 가치관과 정신이 어떠한 과정을 통해서 형성되고 변천되어 왔는지를 보여 준다.

058 중국의 문화코드

강진석(한국외대 연구교수)

중국의 핵심적인 문화코드를 통해 중국인의 과거와 현재, 문명의 형성 배경과 다양한 문화 양상을 조명한 책. 이 책은 중국인의 대표적인 기질이 어떠한 역사적 맥락에서 형성되었는지 주목한다. 또한, 구체적이고 실제적인 여러 사물과 사례를 중심으로 중국인의 사유방식에 대해 설명해 주고 있다.

057 중국의 정체성　　eBook

강준영(한국외대 중국어과 교수)

중국, 중국인을 우리는 과연 어떻게 이해해야 하나? 우리 겨레의 역사와 직 · 간접적으로 끊임없이 영향을 주고받은 중국, 그러면서도 아직까지 그들의 속내를 자신 있게 말할 수 없는, 한편으로는 신비스럽고, 한편으로는 종잡을 수 없는 중국인에 대한 정체성을 명쾌하게 정리한 책.

015 오리엔탈리즘의 역사　　eBook

정진농(부산대 영문과 교수)

동양인에 대한 서양인의 오만한 사고와 의식에 준엄한 항의를 했던 에드워드 사이드의 오리엔탈리즘. 이 책은 에드워드 사이드의 이론 해설에 머무르지 않고 진정한 오리엔탈리즘의 출발점과 그 과정, 그리고 현재와 미래의 조망까지 아우른다. 또한 오리엔탈리즘이 사이드가 발굴해 낸 새로운 개념이 결코 아님을 역설한다.

186 일본의 정체성　　eBook

김필동(세명대 일어일문학과 교수)

일본인의 의식세계와 오늘의 일본을 만든 정신과 문화 등을 소개한 책. 일본인을 지배하는 이데올로기는 무엇이고 어떤 특징을 가지는지, 일본을 주목해야 하는 이유는 무엇인지 등이 서술된다. 일본인 행동양식의 특징과 토착적인 사상, 일본사회의 문화적 전통의 실체에 대한 분석을 통해 일본의 정체성을 체계적으로 살펴보고 있다.

261 노블레스 오블리주 세상을 비추는 기부의 역사

예종석(한양대 경영학과 교수)

프랑스어로 '높은 사회적 신분에 상응하는 도덕적 의무'를 뜻하는 노블레스 오블리주. 고대 그리스부터 현대까지 이어지고 있는 노블레스 오블리주의 역사 및 미국과 우리나라의 기부 문화를 살펴보고, 새로운 시대정신으로 노블레스 오블리주를 부활시킬 수 있는 가능성을 모색해 본다.

396 치명적인 금융위기, 왜 유독 대한민국인가 eBook

오현규(한국경제신문 논설위원)

이 책은 전 세계적인 금융 리스크의 증가 현상을 살펴보는 동시에 유달리 위기에 취약한 대한민국 경제의 문제를 진단한다. 금융안전망 구축 방안과 같은 실용적인 경제정책에서부터 개개인이 기억해야 할 대비법까지 제시해 주는 이 책을 통해 현대사회의 뉴노멀이 되어 버린 금융위기에서 살아남는 방법을 확인해 보자.

400 불안사회 대한민국, 복지가 해답인가 eBook

신광영 (중앙대 사회학과 교수)

대한민국 사회의 미래를 위해서 복지는 선택이 아니라 필수라고 말하는 책. 이를 위해 경제 위기, 사회해체, 저출산 고령화, 공동체 붕괴 등 불안사회 대한민국이 안고 있는 수많은 리스크를 진단한다. 저자는 사회적 위험에 대응하기 위한 복지 제도야말로 국민 모두의 삶의 질을 높일 수 있는 길이라는 것을 역설한다.

380 기후변화 이야기 eBook

이유진(녹색연합 기후에너지 정책위원)

이 책은 기후변화라는 위기의 시대를 살면서 우리가 알아야 할 기본지식을 소개한다. 저자는 기후변화와 관련된 핵심 쟁점들을 모두 정리하는 동시에 우리가 행동해야 할 실천적인 대안을 제시한다. 이를 통해 독자들은 기후변화 시대를 사는 우리가 무엇을 해야 할 것인지에 대하여 생각해 볼 수 있을 것이다.

사회 · 문화

eBook 표시가 되어있는 도서는 전자책으로 구매가 가능합니다.

(주)살림출판사
www.sallimbooks.com
주소 경기도 파주시 문발동 522-1 | 전화 031-955-1350 | 팩스 031-955-1355